JN102478

ステップアップ 刑法総論

葛原力三

佐川友佳子

中空壽雅

平山幹子

松原久利

山下裕樹

著

法律文化社

はしがき

　刑法総論の入門書である。主として学部の１年生、ロースクールの未修者コース１年生に読んでもらうことを想定して編まれている。つまり、法律学というものにおよそ触れたことのない人が刑法から学習を始める場合に、できる限り苦しまないでとりあえず主要なポイントを一巡する手助けとなることを目指している。法文上の個別の犯罪成立要件と具体的事実、事例との対応関係の学習が中心となる刑法各論においてとは異なり、刑法総論では、抽象的、一般的で且つ複雑な「考え方」を理解・習得しなければならないことが多い。それ故、総論においてこそこの種の入門書が必要であると考えた次第である。学習を容易にすると言っても、平易な文体を用いるとか、法律学特有の古臭い言い回しを避けるとか、漢字を減らすといったレベルの話ではない（それは寧ろできていないことが多いかも知れない）。本書が目指したのは、抽象的な事柄を具体的に、複雑な事柄を単純にブレイクダウンすることである。学説上の争いが多い論点について細かい学説の分かれ目にまで立ち入ることはしないが、いたずらに情報量を減らすのではなく要するにどういう争いなのかを示すことを心がけただけではなく、全体を３つのステップに分け、単純な、基本的ルールから始めて、複合的なルール、問題の説明を次に、抽象的な大原則の話を最後に配置するという本書の構成もそのための工夫の１つである。こうした点に、類書も多い中、本書が存在意義を主張できる手がかりがあると考える。

　本書の原初企画は前世紀末にまで遡る。法律文化社の「プリメール」シリーズの刑法編として企画されたが、執筆分担者を選定し、目次案を作成した時点で本格化したロースクール制度発足のためのドタバタに巻き込まれた当初の編集代表者がコミット不能に陥り、一旦はほぼ立ち消え状態となった。ロースクール制度が無事（？）スタートした後、別件でご縁を得た秋山泰法律文化社元社長のお勧めにより、本企画は再起動することになった。しかし、その後も原稿は容易に出そろわず、数次の執筆者入れ替えも経て漸く全体の４分３近くの原稿が揃ったことで、もう後には引けない状態となったのがまた数年前のこ

とである。その後2020年になって、『定義　刑法各論』の編集刊行作業に際してお世話になった編集員の梶原有美子さんに相談したところ、法律文化社からもポジティヴなご回答を頂き、再度執筆分担を見直したことで今日ようよう完成にこぎ着けた。書名は流石に今更「プリメール」でもないだろうということで、「ステップアップ」に改めたが、思えば四半世紀になんなんとする時を経て（OSのバージョンアップも8代を数える間）、当初の目次案ほぼそのままの企画がなお通用し、古い原稿を特段の技術的苦労もなく修正できるというのは、世界の変化は遅いのか速いのか。現在の執筆者のうち原初メンバーは3名である。この時間の流れによってその3名には引退が間近に迫った一方、他の3名により本書に若いセンスを導入することもできた。善いこともある。とまれ、本書がここに成ったのは偏に、その長い時間、気長に待ち続けて下さった法律文化社、歴代の社長、担当編集員の皆様（浅野さん、掛川さん、梶原さん、徳田さん）のご海容とご尽力の賜物である。記して謝する次第である。北山に足を向けては寝られない。

　2022年8月8日

執筆者を代表して　葛 原 力 三

目　次

<u>イントロダクション</u>

セカンドステップ：犯罪の様々なかたち

6章　何かを「しない」犯罪＝不作為犯　119

7章　既遂結果が発生しない場合＝未遂　126

┌───┐
│ **サイドステップ** │
│ ひき逃げ　125／どのように既遂結果に至る現実的な危険性の有無が判断される │
│ か？　130／意思連絡と「共謀」　144／中立的行為による幇助　150／相互共犯の │
│ 理論——共同正犯の正犯性と共犯の従属性　154／客体の錯誤？　156 │
└───┘

サードステップ：基礎理論と論争問題

　サイドステップ

凡　例

1　法令略語

刑法については、本文、括弧内とも略している。

そのほかの法令で引用頻度の高いものは、下記のように略記。

刑訴	刑事訴訟法	民	民法
道交	道路交通法	破産	破産
憲	憲法		

2　判例集等の略語

刑録	大審院刑事判決録
刑集	大審院（最高裁判所）刑事判例集
裁判例	大審院裁判例
集刑	最高裁判所裁判集刑事
判特	高等裁判所刑事判決特報
高刑	高等裁判所刑事判例集
下刑	下級裁判所刑事裁判例集
刑月	刑事裁判月報
裁時	裁判所時報
判時	判例時報
判タ	判例タイムズ

イントロダクション

0章　取扱説明書

　「取説なんて読まないのがデフォ」であることは承知の上で、最初に、本書の使い方を説明しておく。本の読み方など本来、読者が好きにすればよいわけであるが、書いた側には、「こういう風に使えれば便利だろう」という工夫を凝らした自負もあるのでお節介ながら、お薦めできる読み方を。「取扱説明書」などというタイトルにしたのも、「本書の使い方」としたのでは、あなたはここまですら読まないであろう、という推測に基づく工夫である。

1　まずは通読

　この本は、これからおよそ法律学の学習を刑法総論から始めるという人を読者として想定して、刑法総論の講義を受ける機会が（まだ）ない人、講義を受けるに先立って自習する人が読んでも、刑法学の全体的雰囲気、あるいは、少なくとも学習すべき素材の姿と範囲を大まかにつかめるように構成されている。従って、まずは短期間で一度通読してもらいたい。

　目次を比べただけで一目瞭然であるが、本書の構成は個々の解説項目名においても解説の順番においても、標準的な教科書とはかなり違う。独習として通読した場合の理解のしやすさを優先して素材を並べたからである。刑法総論の教科書は普通、「刑法の意義、目的」といった抽象的な理屈と刑法の最終手段性あるいは罪刑法定主義といった大原則から始めて、各犯罪成立要件の理論的説明を経て具体的に各要件を充たす事実はどのようなものになるのかという点へと徐々に具体化していくという記述スタイルを取る。本書では、逆に具体的な犯罪成立要件を充たす事実から始め、徐々に抽象的な話に展開していくという説明手法を採用している。抽象的な理論や、大原則から始めたのでは、それらが何のためにあるのか掴みにくいからである。

　もちろん、構成が標準的ではないので、講義が始まってからは、単純に講義

の進行に沿うようにはできていない。しかし、講義自体も各担当者が工夫を凝らして独自の進み方を編み出しているわけだから、結局、この点は、どんな教科書を使っても同じである。講義に合わせて読む場合は、予習としても復習としても、各回の講義で扱われる項目・素材と対応するものを目次を睨んで探しださなければならない。最近は講義計画が詳細に示されていることが多いので、それもあまり難しいことではないだろう。

2 ステップアップシステム

本書の最大の特徴は、学習すべき主題全体を学習上の重要性を考慮して4つに分け、更に容易さを考慮して段階的に配置した点にある。イントロダクションでは、まず学習の到達目標を説明した上で、学習すべき素材全体を見渡している。そうすることで、一旦この本を全て読み終わってから、あるいは刑法総論の講義をひとわたり聴き終わってから、もう一度この部分だけを読み直すことによってキーワードや事例から全体について記憶が喚起できるようになっている。罪刑法定主義の解説もこの部分に置いてあるが、これは刑法の解釈全体を拘束するルールなので、他のどの部分を学習するときも常に意識しておく必要があるからである。

ファーストステップでは、例えば、1人で1人の人をナイフで刺して殺害するといったように、単独で1個の犯罪を、何かを積極的に行うことによって完遂するという最も単純な場合について犯罪の成立に必要な要件と、犯罪の成立が否定されるための要件、言い換えると犯罪の基本型に関するルールを学ぶ。

セカンドステップでは、この基本型のルールをふまえて、いわば変化型を処理するために追加される修正ルールを学ぶ。何かをしないことが犯罪になる場合（**不作為犯**。「見殺し」という言葉があるように、助け「ない」ことが犯罪になる場合もある）、犯罪を犯そうとしたが途中で失敗した場合（**未遂犯**）、2人以上で一緒に犯罪を犯す場合（**共犯**）、更に1つの機会に複数の犯罪を犯す場合ないし1回の裁判で複数の犯罪を審理できる場合（**罪数**）といったバリエーションに関わるルールである。とりあえずここまでが理解でき、具体的な事例について犯罪が成立するかしないかの結論が出せれば、1年生としては上出来であろう。

　サードステップは、いわば「理論編」である。セカンドステップまでで学んだ犯罪の成立・不成立に関わるルールが、なぜそのような形になっているのか、どうしてある成立要件が必要なのか、どうしてある要件がそろうと犯罪が成立しないのかについては、様々な説明や理由付けがなされてきている。その理由付けは、ある成立・不成立要件のグループについて共通であり、他の一群のルールはまた別の共通する考え方に基づいている。そうした背景をなす考え方同士がまた、更に共通の出発点を持っていたりする。サードステップでは、そうしたやや抽象的な理屈を、大づかみに理解することを目標とする。そこがある程度理解できると、ファーストステップ、セカンドステップの理解が深まるからである。そのために、理論的な厳密さよりも、分かりやすさをねらった記述になっている。そこが物足りないと感じるようであれば、本書は卒業である。

3　網掛けテーゼによる復習、記憶の喚起

1回通読した後は、こういう表記だけを追っていっても、記憶が喚起できる。

　この本では、おおむね2頁に1回ぐらいの割合で、常に一定の間隔を置いてではないが上のような表記が現れる。これはそのあたりの頁で理解すべき事項を、単語でも箇条書きでもなく短い文章の形でまとめたものである。これはまず、一読目には、これから読む部分から読み取るべき事柄をわざと抽象的な、どういう意味かについて疑問の残る形であらかじめ示すことによって、問題を意識しながら、言い換えると答えを探しながら読めるようにする工夫である。また、本書を一度最後まで読み通した後は、このような表記だけを追っていくことによって、全ての文を読み返さなくても記憶を断片的にではなく、一定の論理の形で喚起することが可能になるようにしてある。

　もちろん、重要な言葉はその都度、**太字で表記**して、注意を喚起することを狙っている。太字で書かれた言葉については、その意味や定義を自分で言えるようになることが必要なので、やはり太字の言葉を追いかけることによって、その意味や定義についての記憶を確認することができる。

4　囲み事例による具体的イメージの喚起

　スポーツ競技のルールは、一定の種類のプレイが実際に行われたことを条件として審判や各プレイヤーの次の行動や点数を決める。刑法というルールも具体的なプレイ、つまり犯罪になりそうな行いがあったときに初めて現実的な作用を生じる。だから、多くのルールについて、どのような具体的「プレイ」があったときにどうなるのか、という形での理解が必要になる。そこで、刑法に限らず、法律学の学習において非常に大きなウェイトを占めるのが「事例」である。具体的な行いをストーリーのような形で記述することによって、そのような事実に法を適用すると、どのような効果を生じるのかを知ることが実定法を知る、ということである。

　本書では、そのような「事例」を次のような形で表記している。犯罪になるかも知れない行為を行う者を単独の場合はX、複数いる場合は順次、Y、Zと、被害者をV（複数の場合は、V1、V2……）と記述する。例えば、

> 事例1-1　Xは、自動車を運転中、前方不注視のため横断歩道を横断中のVに気付くのが遅れ、自車をVに衝突させた。
> 　はねとばされたVは、路面に頭部を強打し、脳挫傷のため即死した。

といった形である。

5　サイドステップ

　本書のところどころにあるサイドステップというタイトルを付した囲み記事は、そのあたりの話の流れとの関係ではやや脇道にそれるが、関連はある事柄の解説や、本書のどこに位置づけても、分かりやすさという観点からは問題がある重要な事柄、そして、ある種の周辺的知識の記述に当てられている。本書を通読する際には、読み飛ばしてもかまわない。しかし、ところどころで息抜き的に拾い読みするなり、再読以降で、サイドステップだけを選んで読むなりすれば、少なくとも気分転換の役には立つだろう。結構重要な知識も含まれているので、全く読まないのは惜しいと思う。　　　　　　　　　　　　［葛原力三］

1章　刑法の学習

1　何ができるようになればよいのか

刑法学習の第一の目標は犯罪の成否を判定できるようになることである。

　この本は、これからおよそ法律学の学習を刑法総論から始めるという人を読者として想定している。刑法に限らず、およそ学習を始めるにあたってまず問題となるのは、目標をどこに設定するか、である。諸君は、刑法を学ぶに際して、とりあえずどこへ向かってその第一歩を踏み出せばよいのだろうか。

　目指すべきは、犯罪成立の諸要件を知り具体的事例に適用して犯罪が成立するか否か、どのような犯罪が成立するかを判断できるようになること、である。かっこよく言えば、犯罪の成否に関わる刑法上のルールを実践可能な形で理解することである。

　もちろん、学問には「これだけ勉強すれば十分、これで終わり」という終着点はない。しかし、ロースクール入試をはじめとして、大学4年生の段階で最初に受験することが想定されている各種資格・採用試験で出題される問題は、一般に、架空の事例に法的ルールを適用した場合、どのような効果が生じるか、刑法に限って言えば、どのような犯罪が成立し、あるいはしないことになるのかを問うものである。その答え方としては論文の形式を取るものと用意された選択肢から正答を選ぶ形式のものとがあるが、要求されるのは同じく事例処理の能力、つまり「法的ルールを事例に適用して、その効果を特定できる」ことである。従って、とりあえずは、これを学習の到達目標として設定しなければならない。

2　事例、設例と学ぶべきルール

では、「ルールを事例に適用して、その効果を特定できる」とは、どういうことか？

事例1－1　Xは、自動車を運転中、前方不注視のため横断歩道を横断中のVに気付くのが遅れ、自車をVに衝突させた。

　はねとばされたVは、路面に頭部を強打し、脳挫傷のため即死した。

　法律学を学ぶ者は、頻繁にこのタイプの記述に出会うことになる。これが「事例」あるいは「設例」と呼ばれるものである。法律というものはルールの集合体である。ルールは、「かくかくの場合には、しかじかと扱う（になる、が起こる、となる）」という形で記述されるのが普通である。一定の条件が充たされれば、特定の効果が生じるという形である。前半の条件のことを「**法律要件**」、後半の効果のことを「**法律効果**」と呼んだりする。設例は、通常、一定の法律要件を充たす事実とリアリティを持たせるためのディーテイルとから構成されている。上の例は過失運転致死罪のルールを説明するためのものである。自動車の運転により人を死傷させる行為等の処罰に関する法律（「刑法」という名前ではないが、これも刑法の一種である。略し方が少し変だが「自動車運転死傷処罰法」などと略称されることもある。特別刑法などとカテゴライズされることもある）5条は、「自動車の運転上必要な注意を怠り、よって人を死傷させた者は、7年以下の拘禁刑又は100万円以下の罰金に処する。」と規定している。

　この設例では、a「自動車を運転中」、b「前方不注視のため」、c「Vを」、d「即死」させた、という事実が、それぞれa'「自動車の運転上」、b'「必要な注意を怠り」、c'「人を」、d'「死傷」させたという法律要件を充たす事実である（「横断歩道を横断中」とか「脳挫傷のため」といった事実は、法律効果を左右しない、リアリティを持たせるための飾りに過ぎないので気にしなくてよい）。法律要件が充たされた場合、つまり条件が全て充たされた場合、過失運転致死罪が成立する、従って、Xが「7年以下の拘禁刑又は100万円以下の罰金に」処せられるという法律効果が生じる。

　実定法の学習とは、できる限り多くの（できれば全ての）実定法上のルールに

ついて、上記**事例1-1**のタイプの具体的記述と、法律上の「<u>自動車の運転上</u>
<u>必要な注意を怠り、よって人を死</u>」なせたというタイプの記述（以下「条文」と
呼ぶ）とが同じ意味であるという形の理解を積み重ねることである、と言って
よい。条文を見て具体的事実を思い浮かべることができ、逆に具体的事実を見
て条文が頭に浮かべばOKである。もちろん法律上の記述の方が抽象的な分、
幅が広く、これと同じ意味になる（これに含まれる）具体的な事実の記述のバリ
エーションは、上記のような単純なものにとどまるわけではない。難しいのは
ここからである。

　例えば、上記の法律上の文言中の10文字に満たない表現、「よって人を死傷
させた」という部分だけをとっても、どのような場合に「よって」と言えるの
かを巡るルールを更に知らなければならない。

事例1-2　事例1-1の事実を前提として　Vは、それほど大きなケガをしなかっ
たのに、念のためXが呼んだ救急車で病院へ向かう途中、Vを乗せた救急車の側
面に信号無視で交差点に進入した大型トラックが高速で衝突したため死亡した。

　このような場合をはじめとして第三者や被害者自身の不適切な行動、あるい
は希な自然現象が介入した場合にも「注意を怠ったため」死亡したと言えるの
か否かを巡っては、非常に細かなルールが多数あることが判例、学説によって
認められている。例えば、

事例1-3　事例1-1の事実を前提として
・衝突はVが飛び出したせいで起こった。
・Vの飛び出しがYに突き飛ばされたためであった。
・Vが飛び出したのは、Yによる長時間にわたる監禁状態下での暴行から逃れ
　てきたばかりで判断力を欠いていたからであった。

といった場合を同様に扱うべきか否かを巡るルールである（因果関係→4章1
節）。つまり、自動車運転死傷処罰法5条の文言と**事例1-2**ないし**1-3**が同
じ意味なのかどうかを判断するのに、一定の中間項となるルールの知識が必要
となるということである。この中間項となるルールは、法律上の文言が抽象的
過ぎて具体的事実がそれに当てはまるかどうか判断が難しいのを補うためのも

のであるから、ある程度具体的なものでなければならず、且つ他の具体的事例の判断にも使えるものでなければならないから、ある程度抽象的な命題として記述されることになる。

　別の例で図式的に表現すれば、

> **事例1-4　事例1-1の事実を前提として**
> A　XはわざとVをひき殺そうとVの方へハンドルを切って自車を進行させたが、かわされた。Vは無事であった。

↓　　　　　　　　　↑

> B　故意に犯罪を実現する可能性のある行為を行ったが、実現しなかった場合は未遂である（未遂→7章）。

↓　　　　　　　　　↑

> C　犯罪の実行に着手してこれを遂げなかった者は、〔その刑を減軽することができる〕(43条)。

といった形で、Bタイプの記述が中間に挟まるということである。従って、A、B、Cの各タイプの記述間の関係（A　1つのルールの具体的事実による記述／B　抽象的命題としての記述／C　条文上の記述）を理解し、どのタイプでも表現できるようになることが必要となる。つまり、これらの場合にそれぞれ、犯罪が成立するのか否か、どのような犯罪が成立することになるのかを判断できるようになるのがとりあえずの目標である。

3　ルールと解釈と判例

　ここまでは便宜上「ルールがある」という表現を用いてきたが、では、その「ルール」なるものは、どこに「ある」のであろうか。もちろん、まずは、刑法典の中である。上記の例においてそれぞれCとして挙げたタイプの記述がそれである。例えば、38条1項は、「罪を犯す意思のない行為は、罰しない。」と規定している。この文言だけを知っていても、これを「甲はある店の入り口の傘

立てから乙所有の傘を持ち去ったが、それを全く同タイプの自己所有の傘と勘違いしていたという場合には、窃盗罪は成立しない。」という形（Aタイプ）に具体化できなければ使い物にならない。そのためには、例えば、ここにいう「罪を犯す意思」とは窃盗罪、強盗罪といった個別の犯罪ごとの客観的要件を充たす事実を認識していることであり、この例では乙所有の傘という「他人の物」であることの認識も必要であるとされていること（Bタイプ）などを知らなければならない。**事例1-1**に即して言えば、

事例1-5

A　Xは、Vをはねることになることが分かっていながらVの方へハンドルを切った。

↓　　　　　　　　　　　↑

B　殺人罪が成立するためには、自らの行為によって人が死ぬであろうことを予見していたこと＝故意が必要である（故意→4章3節）。

↓　　　　　　　　　　　↑

C　罪を犯す意思がない行為は、罰しない（38条1項本文）。

ということになる。

　では、そのように「なっている」、「とされている」ことはどうやって知るのか。第1に過去に下された裁判所の判断の例を知ることによってである。上の例のように法律の抽象的な文言（Cタイプ）を中間的なルールの記述（Bタイプ）を介して具体的事実の形（Aタイプ）に変換する作業を「**解釈**」と呼ぶ。「事実にルールを適用する」というのもほぼ同じことを意味する。この解釈を法的な拘束力あるものとして決定することができるのは裁判官だけである。従って、刑法学習の第一目標は、過去の裁判官が行った、この具体的事実への変換作業の結論、つまり具体的事件についてどのような犯罪が成立するかという判断を知ることである（Aタイプ）。そして、その事件と同種類の、同じ類型の事実については同じ犯罪が成立するであろう（裁判官がもしそのような事実を認定したら同じ犯罪の成立を認めるであろう：Bタイプ命題）という判断ができるようになることである。この過

去の裁判官が行った判断を「判例」と呼ぶ。「判例を学習する」とは、過去の裁判官が行った、そうした三段階の変換のしかたを知るということである。

　もちろん、考えられる全てのタイプの事例について、既に裁判官の判断が下されているわけではない。そういう事例類型については、学説が可能な解釈の候補を幾つか呈示している。これを知ることも学習課題となる。さもなければ、事例の形で出題される問題に解答することはできない。学説は、裁判官の判断とは違って法的な拘束力を持つわけではないから、学習者は、場合によっては非常に多くの学説（解釈の候補）が示されているなかから、優劣をつけて取捨選択し、自分が適用するルール（解釈の結果）を決定しなければならない。その場合には、他の事例類型についての判例や法律上の他の文言と矛盾しないことや、その法律の文言が有し得る意味の限界や、解釈のルールや、刑法全体の基本原理（サイドステップ）（例えば、人は何のために人を罰するのか）等を考慮して態度を決定する必要がある。これができるようになれば大ていの試験で合格点が取れる。

サイドステップ：「判例」と「裁判例」

　最高裁判所が示した判断だけを「判例」と呼び、高等裁判所以下の下級審の判断を「裁判例」と呼ぶという言葉遣いも、とりわけ実務家の間で通用している。これは、最高裁判所の判断はそれだけで拘束力のあるルールであって、下級審裁判所の判断とは「格」が違うということを示すための用語法である。最高裁の「判例」があると、同じ種類の事案は下級審裁判所によっても今後同じように裁かれることになるが、下級審裁判所の判断はより上級の裁判所によって、つまり、地方裁判所の判断は高等裁判所によって、高等裁判所の判断は、最高裁判所によって覆される可能性がある、ということである。従って、学習者としては、最高裁判所の判例が１つあれば、それだけで１個の拘束力あるルールとして取り扱い、下級審裁判所の裁判例であれば、同様の判断を示した例が複数あったときに一応のルールとして取り扱う、といった理解も必要である。そこさえ解っていれば、下級審の判断も含めて単に「判例」と呼んでも何ら差し支えはない。

［葛原力三］

2章　刑法総論では何を学ぶか

1　いろいろな次元のルール：犯罪論と刑罰論と罪数論・基本原理・総論と各論

　刑法上のルールは、上に挙げたような、①どのような場合にいかなる犯罪が成立するかを決定するというレベルのものだけではない。その他に、②－a　犯罪が成立するときにどのような刑罰を科するのか、どのように科するのか、②－b　複数の犯罪が成立する場合にそれぞれの罪に予定された刑罰をどのように調整して科するのかを巡るルールもある。加えて、法典の文言からそうしたルールを導く作業、即ち③「解釈」の方式を巡るルール、及び④その解釈の考え方を指導するルールがある。それぞれ「次元」が異なるのだとイメージしてもよいし、規制の対象が違うといってもよい。

　このうちの犯罪の成否に関わるルールを「犯罪論」、刑罰に関わるルールを「刑罰論」（2章4節、10章）と呼ぶ。②－bの複数犯罪が成立する場合の刑罰の調整は、両者の交錯する分野なのでどちらに属するとも言えるが、別途「罪数論」と呼ぶのが普通である（9章）。解釈の方式を巡るルールの総称は特にないが「罪刑法定主義」「類推禁止」といった標題の下で扱われる（3章2節）。そしてこれら全てのルールを決定するにあたっては、刑法とは何か、どうあるべきか、犯罪とは何かに関する基本的な、そして歴史的に大筋のところで意見の一致を見ている考え方が指導的役割を果たしている（10章）。これも一種のルールである。

　これらのルールの多くは、全ての犯罪に、あるいは多くの犯罪に共通して適用されるものである。これらのルールをまとめて扱うのが刑法総論と呼ばれる分野であり、これが本書の守備範囲である。詐欺、窃盗、強盗といった個別の犯罪についてだけ機能するルールは刑法各論の課題である。刑法各論では、そうした個別の犯罪を、財産罪、賄賂罪、文書偽造罪といった一定の共通した属性を持つもののグループにまとめて分類整理することになるが、そうしたグループ全体に

適用されるルールも、もちろん刑法各論において扱われることになる。

「刑法」とは最も狭い意味においては明治40年の刑法典を指すが、広い意味ではおよそ犯罪と刑罰に関する全ての法規定をいう。従って、例えば、暴力行為等の処罰に関する法律、人質による強要行為等の処罰に関する法律、あるいは、冒頭に挙げた自動車運転により人を死傷させる行為等の処罰に関する法律といった特別刑法や、クローン技術規制法や覚せい剤取締法、あるいは商法典

サイドステップ：刑罰にはどのようなものがあるか

　もちろん、犯罪だけではなく刑罰を知ることも刑法を学ぶときの重要な課題である。しかし、どのようなものがあり、どのような相互関係に立つかというレベルでなら、これを知ることは、極めて容易である。刑法9条から21条までの規定をみれば明らかである。

　　　主刑　　　死刑（11条）

　　　　　　　無期拘禁刑、有期拘禁刑（12条）　　　1月以上20年以下

　　　　　　　　改善更生を図るため、必要な作業を行わせ、又は必要な指導を行うことができる（12条2項）

　　　　　　　有期拘禁刑の長期は30年まで上げることができる（14条）

　　　　　　　罰金（15条）　　　1万円以上

　　　　　　　拘留（16条）　　　1日以上30日未満

　　　　　　　　作業を行わせ、又は必要な指導を行うことができる（16条2項）

　　　　　　　科料（17条）　　　1000円以上1万円未満

　　　附加刑（主刑に付随してしか賦課できない）　　　没収（19条）追徴（19条の2）

　若干注意が必要なのは、罰金及び科料と**過料**及び**交通反則金**という金銭的制裁との区別である。これらは日常用語としては全て「罰金」と呼ばれることがあるが、法律上の用語としては、罰金、科料は15条、17条に規定されたもののみを指し、この罰金と科料以外は刑罰ですらない。つまり、刑法総則の適用も刑事訴訟法の適用も受けない、行政処分の一種である。

　刑法総論を学習する上で、より重要なのは、刑罰は何のためにあるのか、国は本来、国民の生命、自由、財産の保護をその任務とするにもかかわらず、刑罰としてこれらを奪うことが許されるのか、という問題である。

のような法律の一部として置かれた処罰規定も刑法各論の対象となる。もちろん、刑法総論のルールは、そうした刑法典以外の法律に規定された犯罪にも当てはまるのである。

2　犯罪が成立するためにはどのような事情が必要か：犯罪論の諸ルール 1

　刑法総論で最初に学ぶべきことは、犯罪論上の諸ルールである。つまり、上で述べた全ての犯罪に共通して必要とされる犯罪成立の要件及び犯罪不成立の要件である。詳しくはファーストステップの対応する箇所での説明を読んでもらうことにして、ここでは、どのようなルールがあるのか全体を見渡しておこう。

　まず、犯罪を成立させる諸事情、つまり犯罪成立要件である。そうした事情があれば犯罪が成立することになる、という意味で積極的犯罪成立要件、と呼ぶこともある。総論の対象となるもののうち、全ての犯罪に共通する要件は、およそ犯罪が成立するために必要な最低限の事情であると言ってもよい。もちろん、犯罪のタイプには様々なものがあるので、一部の犯罪においては必要とされない事情もある。そのうち、大半の犯罪について必要とされるものはやはり総論の対象である。

　<u>犯罪が成立するためには、法律の規定上特定的に記述された種類の**行為**が常に必要であり、場合によってその行為の、やはり特定的、限定的に記述された**主体**、**客体**、**結果**、そして特定の結果が必要な場合には**因果関係**（事例 1 - 2、1 - 3）も、そして常に**故意**または**過失**（事例 1 - 5）が必要であり、時として特定の**状況**があったことが必要とされることもある</u>（4 章参照）。

　第 1 に、裁判所においてそれが行われたと証明（事実認定）された行為が刑罰法規が処罰を宣言している特定のタイプの態様を示していることが必要である。これは全犯罪に共通の要件である。認定された行為が条文上の行為記述に当てはまることである。これを**構成要件該当行為**と呼ぶ（構成要件的行為あるいは**実行行為**と呼ぶ場合もある）。

　例えば、「蔵匿し」（103条）、「放火して」（108条以下）、「偽造」（148条以下）、「虚偽の陳述をした」（169条）、「暴行」（95条・176条・177条・207条・208条・236条・238条等）、「脅迫」（222条）、「欺いて」（246条）といった個々の記述に、裁判所がそ

の存在を認定した行為が**当てはまる**ことが犯罪成立の第1の要件なのである。そのような形で条文に挙げられた特徴を備えた行為が行われたことが必要だと言い換えることもできる。

　また、例えば、

事例2-1　事例1-1の事実を前提として
　A　Xは、Vが瀕死の状態で倒れているのを知りながら、救護せず現場から走り去った。Vは3時間後に出血性ショックで死亡したが、即時に救急車を呼び手当をしていれば助かった。

といった事例が

　B　作為義務のある者が、作為義務を尽くしていたならば救助できた利益を、その作為を怠ることによって失われるに任せた場合は、積極的作為によってその利益を喪失させた場合と同等に扱う（不真正不作為犯→6章2節）。

というルールの要件部分を具体的に記述したものであることを理解することなども課題となる。言い換えると、Aという事実をBというルールに「当てはめ」た場合、「不真正不作為犯」なるものが成立するという効果が生じる、という判断ができるようにならなければならない。

　故意については**事例1-5**のような判断、**過失**については、

事例2-2　事例1-1の事実を前提として
　A　XがVに気づかなかった理由が、夜間、豪雨の中をVが黒っぽい服装で横断していたためであり、Xは徐行していたにもかかわらず適時に気づくのは不可能であった。

↓　　　　　　　　　　　　↑

　B　危険な行為を行う際に、その危険から発生する結果が予見可能且つ回避可能であったにもかかわらず回避しなかった場合には過失がある〔予見可能でないかまたは回避可能でなかった場合には過失はない〕（過失→4章6節）。

といった判断方式を学習する。

　構成要件該当行為は複数の人間が一緒に行うこともあり得る。そのような場合（共犯）については、

事例 2 - 3　事例 1 - 1の事実を前提として
A　Xの車に同乗していた、Yは、Vを発見してXに「チャンスだ、轢いてしまえ」と命じた。

↓　　　　　　　　　　　↑

B　他人に故意の犯罪行為を唆した者は、他に自らが主導的役割を果たしていたことを示す事情がないかぎり、教唆犯とされる。主導的役割を果たしていた場合は共同正犯とされる（共犯→8章）。

↓　　　　　　　　　　　↑

C　2人以上共同して犯罪を実行した者は、すべて正犯とする（60条）。
or
　　人を教唆して犯罪を実行させた者には、正犯の刑を科する。（61条）

といった、判断とルールを学習しなければならない。
　更に、犯罪を犯そうとして完成に至らなかった場合のルール（**事例 1 - 4**）、即ち**未遂犯**の諸ルール（7章）も学習対象となる。

3　どのような事情があるときに犯罪だとしてはならないか：犯罪論の諸ルール2

　刑法典は、構成要件該当行為があっても、つまり例えば、「人を殺した」という文言に当てはまる行為があったとしても、一定の事情があるときにはなお犯罪が成立しないという趣旨のルールもいくつか定めている。そのうち、少なくとも言葉としては比較的日常に近いものと言える**正当防衛**については、おおむね次のような判断を学習する。

> **事例 2-4　事例 1-1 の事実を前提として**
> A　X は、V が自車に向けて銃を構えているのを見て、撃たれるのを防ぐためにV の立っている方向へハンドルを切って、アクセルを踏んだ。

↓　　　　　　　　↑

> B　突然違法な攻撃を受けた場合は、そのことを知ってその攻撃をやめさせるために必要な実力を攻撃者に対して行使することは、急を要し、極端に大きな危険や害を生じない限り違法ではない（正当防衛→5 章 2 節）。

↓　　　　　　　　↑

> C　急迫不正の侵害に対して、自己又は他人の権利を防衛するため、やむを得ずにした行為は、罰しない（36条）。

同様に緊急状態下の行為で同じく罰せられないものとして**緊急避難**がある。

> **事例 2-5　事例 1-1 の事実を前提として**
> A　X は対向車がセンターラインを越えて自車との正面衝突コースに進入してきたため、とっさに左方にハンドルを切ったことによってV に自車を衝突させた。

↓　　　　　　　　↑

> B　自らに突然降りかかった危難を他人に転嫁する行為は、急を要し他に避ける方法がなく、且つ、同等かより小さな利益を犠牲にする場合には違法でない。（緊急避難→5 章 3 節）。

↓　　　　　　　　↑

> C　自己又は他人の生命、身体、自由又は財産に対する現在の危難を避けるため、やむを得ずにした行為は、これによって生じた害が避けようとした害の程度を超えなかった場合に限り、罰しない（37条）。

事例 2-4 との違いが解るだろうか。いずれの場合についても、36条、37条の要件を欠く場合、つまり、「罰しない」という効果が生じない場合がいかな

るものかも知らなければ、ある具体的な事例がこれに該るのか否かは判断できない。例えば、XがVを挑発したためにVはXに対して発砲しようとした、といった事情があるときには36条の要件は充たされていることになるのであろうか。

　一定の構成要件該当行為があっても、正当防衛または緊急避難に当たる場合には処罰されない（「罰しない」）理由は、その場合には、「正当」防衛という表現が既に示しているように、当該行為が**違法ではない**（悪くない）からであると説明されるのが通常である。これらの場合には、行為が**正当化**される、あるいは行為の**違法性が阻却される**とも表現される。そうした、構成要件該当行為を正当化する事情のことを、**正当化事由または違法性阻却事由**と呼ぶ。

　正当化事由にはこのほかに、被害者の**同意**、35条に規定された**法令行為**及びその他の正当行為があるとされている（5章）。被害者の同意は、既に行為の構成要件該当性を否定する場合もある。例えば、居住者の同意があれば、家屋への立ち入りを「住居侵入」とは呼ばないし、所有者の同意があれば財物の取得を「窃盗」とは呼ばない、といった場合である。特に問題なのは、外科手術等において外形的には傷害罪に該る行為を正当化する一要素とされる場合である。法令行為とは、特殊な法令があることによって、一定の構成要件該当行為が違法ではないとされる場合である。刑事訴訟法199条以下、あるいは210条、211条のいずれかの要件を充たしていれば、人の身体的自由を拘束する行為があって逮捕罪（220条）の構成要件には該当しても逮捕罪は成立しない。

事例 2-6　事例 1-1 の事実を前提として
　A　Xはべろんべろんに酔っぱらっていた（複雑酩酊状態にあった）。

↓　　　　　　　　　↑

　B　行為の時点で、自らの行為の是非善悪を弁別し、その弁別に従って行為にでないことができる能力を生理的な理由で欠いていた者は処罰されない（責任無能力→5章5節）。

↓　　　　　　　　　↑

　C　心神喪失者の行為は、罰しない（39条）。

　犯罪の成立を妨げる事情としては他にも**責任阻却事由**と呼ばれる諸事情がある。その典型が39条の**責任無能力**である。

　この場合は、行為は構成要件に該当し、違法だが、責任がない、と言われる。つまり、悪いことは悪いのだが、そのことを理由に行為者を責めることはできない（非難可能性がない）とされるのである。それは、行為者にはその悪い行為に出ることを思い止まることができなかったからである。

　薬物や、アルコール、あるいは精神病等の影響による場合でなくても、外部的な理由、例えば、危険が迫っていた、その行為をしないと職を失う、多数人に強く要求されたといった理由で、自分だけは助かりたいという気持ちが強く働くような情況であった、あるいは親族を助けたいという動機が強かったという場合には、やはり思い止まりにくいことを理由に犯罪の成立が否定されたり、刑が軽くなったりすることがあるとされている。そのような場合を**期待可能性**がない、あるいは期待可能性が低いなどと呼ぶ（5章7節、10章3節以下）。

4　「犯罪論の体系」の学び方

　刑法総論の重要な学習課題の1つに「犯罪論の体系」と呼ばれるものがある。ある行為が犯罪となるか否かは、その行為が、構成要件該当性、違法性、有責性という性質を備えているかどうかをこの順序に従って判断するというプロセスを経て決定されなければならない、という考え方・判断のルールを指す。上記の構成要件該当性、正当化事由（違法性）、責任阻却事由（有責性）という言葉は、犯罪成立・不成立要件をその性質によって分類した各カテゴリーの名前に過ぎないが、これに判断の順序という規制を加えたものを「体系」と呼んでいると言ってもよい。

　順序という要素を入れたことによって、それぞれのカテゴリー同士の関係や、それぞれにどの成立要件を位置づけるかについて理論的な意見の対立が生じ、犯罪論の体系をどのように構築するのかについては、細かい点の違いまで考慮すると非常に数多くのバリエーションが存在する。上記の、構成要件該当性、違法性、有責性という表現すら、最大公約数的なものに過ぎないほどである。

　しかし、それら全てを知っている必要がないのはもちろん、とりあえずは、

それほど詳細な点にわたってまでキチンと理解している必要もない。犯罪論体系のバリエーションには、具体的事例についての犯罪の成否という結論には影響を及ぼさない意見の違いも数多く含まれているからである。具体的事例について犯罪の成否を判断できるようになる、という学習目標を設定するときは、

サイドステップ：法定刑と処断刑と宣告刑

　刑法総論に関する試験問題は通常、犯罪が成立するか否か、そしてどのような犯罪かのみを問うという形を取り、個別の事例が具体的にどのような刑に値するかを判断することまでは求めない。不可能だからである。最終的に具体的な被告人に宣告される刑の量は、被告人の前科、前歴、被害の程度、反省の程度、その他非常に多くの要因を総合的に考慮して算定されるものである。この作業を**量刑**と呼ぶが、量刑の際に考慮すべき詳細な事情を架空の事例として出題される試験問題において記述することはできないし、そもそもこの判断自体が裁判官の経験の積み重ねとして成立した、いわゆる量刑相場に依存すると言われており、その判断を学生に求めるのは無理なのである。

　犯罪（の成立要件）を記述する条文は、当然ながらそれに対する刑罰も定める。しかし、それは、原則として例えば、「死刑又は無期若しくは5年以上の拘禁刑」（199条殺人罪）といった一連の選択肢として規定される。この選択の枠組を**法定刑**と呼ぶ。裁判官には、その中から、具体的事案の詳細な事情に応じて、死刑を選ぶのか無期拘禁刑とするのか、7年の有期拘禁刑とするのか10年なのかを決定する裁量が与えられるのである。そこで最終的に個別の被告人に宣告される刑を**宣告刑**と呼ぶ。これは、法定刑のような幅ではなく、例えば、7年の拘禁刑といったようにピンポイントで指示される。この法定刑から宣告刑を導く判断が量刑なのである。また、法律上の加重事由、減軽事由、例えば43条による未遂減軽や、36条2項による過剰防衛の減軽、あるいは57条による再犯加重といった事由があるときには、特に拘禁刑の最長期、最短期が延ばされたり（1.5倍ないし2倍）短くなったり（2分の1）する。つまり裁判官の選択裁量の幅が変更されるのである。この加重、減軽事由によって変更された枠組を**処断刑**と呼ぶ。特に減軽事由には、「情状により」つまり具体的行為事情の裁量的評価によって裁判官が減軽を認めるか否かを判断できる、いわゆる**任意的減軽事由**が多く、この点も事例問題として出題する場合に、具体的な宣告刑を尋ねることができない理由となる。

詳しくても11章で説明している程度の事柄が理解できていれば多過ぎるほどである。

　とりあえずは、上記、2節、3節で説明したようなそれぞれの内容と、まず、それがあれば犯罪が成立する諸事情（2節）≒構成要件該当性の存否から判断し、その後にはじめて犯罪の成立を妨げる諸事情の有無≒違法性、有責性の判断を行う、という順序を頭においておけば、これ以降の説明は理解できるはずである。

［葛原力三］

3章　罪刑法定主義と刑法の解釈

1　解釈のガイドラインと制限

　以上のようなルールは、直接、間接に刑法典の解釈から導き出される。つまり、Ｃタイプの刑法典上の記述からＢタイプのより詳細だがやや抽象的な記述を導き出し、非常に多数のバリエーションがあり得るＡタイプの事実の記述がそれに当てはまるかどうか、どのような具体的事実が当てはまるのかを判断する作業が**解釈**である。抽象的な記述を具体的なものに変換するということは、何でも当てはまってしまいそうな非常に幅の広い言葉の意味をある程度限定していくということである。言葉の意味はその言葉自体だけでは決まらないから、この作業には何らかの形で、いわば「外から」言葉の意味を限定させる要因が手がかりとして必要となる。

　そうした手がかりの１つが、法律上の他の条文の存在である。例えば、199条の「人を殺した」という文言の意味は、210条の「過失により人を死亡させた」及び38条１項「罪を犯す意思がない行為は、罰しない。但し、法律に特別の規定がある場合は、この限りでない。」という文言と併せて読むことによって、故意に人を殺した場合だけを指す、と限定される。このような形での文言の意味の特定を**文理解釈**と呼ぶ。

　例えば、覚せい剤のような、その所持を法律で禁止されている物品をその所持者の手から盗む行為が窃盗罪となるかどうかは、窃盗罪（235条）が所有権を保護するためにあると考えるのか物の事実上の所持を保護しようとしていると考えるのかによって決まる。判例は後者の立場を採用しているが、このように、特定の処罰規定が保護しようとしている利益、価値は何か、その処罰規定が置かれている理由となるのはいかなる利益の侵害なのか、という観点も解釈を指導する。このような、一定の処罰規定が保護しようとしている利益を**法益**（あるいは保護法益）と呼ぶ。この法益も解釈の重要なガイドラインとされてい

る。

　一定の利益を保護するために処罰規定があるのだとすれば、処罰を行うことはよいことであって、どんどん処罰した方がよい、ということにもなりかねない。しかし、特定の行為を処罰することによって、一般人がその種の行為を差し控え、ひいては一定の利益の侵害が予防される、という作用は、必ずしも実証されたものではない。他方、一定の行為を処罰することによって特定の個人（行為者）の生命、自由、財産が少なくとも制限されることは明らかである。比喩的に言えば、効果は定かではないのに、副作用だけははっきりしているわけである。従って、刑罰の使用は、できる限り慎重に行われなければならないという要請が生じる。このような考え方を、**刑法の謙抑性**と表現することもある。また、一定の目的、例えば利益の侵害を防ぐためには、まず民事法的、行政法的に他の手段を尽くすべきであって、それでは足りない場合に初めて刑法を投入すべきである、という内容を持つ**刑法の最終手段**（ultima ratio）**性**（あるいは「**補充性**」）と呼ばれる原則も一般に承認されている。

　これらは極めて一般的な考え方の方向性を示すものに過ぎないが、これを今少し具体化したルールとして解釈及び立法を指導する原理に責任主義及び罪刑法定主義がある。

　責任主義とは、犯罪が成立するためには、即ち処罰を行うためには、客観的に違法な事態が生じたというだけではなく、その点について故意、過失がなければならず、更に責任能力が必要であるとする原則である。これについて詳しくはサードステップで説明する。

2　罪刑法定主義

「あらかじめ発布された成文の法律なければ犯罪も刑罰もない」

　罪刑法定主義とは、「法律なければ犯罪なく、法律なければ刑罰なし」という標語で表される原則である。現行刑法典には規定はないが、日本国憲法31条の「何人も、法律の定める手続によらなければ、その生命若しくは自由を奪はれ、又はその他の刑罰を科せられない。」という規定がその根拠とされてい

る。また、同じく39条の「何人も、実行の時に適法であつた行為〔中略〕については、刑事上の責任を問はれない。」もその一部を表現していると言われている。つまり、「あらかじめ発布された法律なければ」「成文の法律なければ」「法律上の明文規定なければ」犯罪も刑罰もないということになる。

1　具体的ルール

　成文法典がなければ処罰できないという原則は、慣習法のみを根拠に処罰してはならないという側面も持つ（**慣習刑法の排除**）。言葉はそれ自体、一種の慣習であるから、成文法典の文言の解釈にあたって慣習を考慮すること自体は禁止されないが、慣習があるというだけで処罰が行われてはならない。このルールは現代の日本では、少なくとも形式的にはほぼ完全に遵守されていると言える。

　ある規定が明示的に規定しているわけではないが、そこに規定された事項と一定の共通点を有する別の事項にも当該規定の適用を認めることを**類推解釈**と呼ぶが、刑法ではこのような解釈は禁止される（**類推解釈の禁止**）。これは、根拠となり得る成文法典があるだけではなく、特定のまさにその行為を処罰することが明文で規定されていなければならない、という原則が具体的に適用される場面である。

　日本国憲法39条によれば、犯罪行為以前からあった法律によってしかその行為を処罰することはできない。これを**刑罰法規不遡及の原則**と呼ぶ。行為の後に国会を通過した法律が裁判の時点で有効だからといってこれを適用することは許されないのである（**事後法の禁止**）。

　罪刑法定主義の内容としては、この他に**絶対的不定期刑の禁止**と**明確性原則**が含まれるとされている。前者は、期間の定めの全くない自由刑（例えば、「改善が見られるまで拘禁する」といった形のもの）を規定し、科してはならないというルールである。後者は、何が処罰される行為なのかを明確に示す規定になっていなければ、成文法典に明文規定が置かれていても、その規定自体、**漠然性故に違憲**となるというルールである。最高裁は、いわゆる徳島市公安条例事件（最大判昭50・9・10刑集29巻8号489頁）で、大法廷判決としてこの明確性原則を宣言している。

2　なぜこのような原則があるのか

罪刑法定主義の根拠は、法律効果の予測可能性の担保に基づく自由な行動領域の保障の要請にある。

　処罰するためには成文法典が必要であるということは、処罰するか否かは立法府がこれを決定し、裁判官はその決定に従わなければならないということを意味する。「裁判官は法を述べる口である。」という言葉が表しているように、罪刑法定主義は、立法府の裁判所に対する優位、即ち民主主義の要請に由来するといわれている。また、日本国憲法73条6号但書が「政令には、特にその法律の委任がある場合を除いては、罰則を設けることができない。」と規定して行政府が刑罰を決定することを原則として禁止しているのも同じ考え方に基づく。

　一定の犯罪に対して一定の刑罰を科することを予告することによって、一般人に「割に合わない」と感じさせる（威嚇する）ことを通じて犯罪を予防することが刑罰の目的であると考える**一般予防論**（10章1節）も、刑罰があらかじめ法定されていることを要請する。

　しかし現在では、罪刑法定主義の根拠は、不意打ち的処罰を回避して、法律効果の予測可能性を担保することによって国民に刑罰のリスクなく自由に行動できる領域を明示するという自由主義的要請にあるとされている。どのような行為をすれば罰せられるのか分からない、あるいはいつ何どき処罰されるか分からないという情況の下では、国民の行動範囲は萎縮せざるを得ない。しかし、処罰される行為の種類と、どの程度に処罰されるのかがあらかじめ明示され、それ以外の行為は処罰されないという保障があれば、自由に行動できる範囲は最大限に確保される。処罰規定がないかぎり倫理的には意見が対立している領域に足を踏み入れることもできることになるし、更には、ある程度の処罰のリスクを覚悟の上で行動するという自由さえ想定することができる。

　刑罰法規不遡及の原則は、まさにこのような自由主義的要請の具体化である。行為の後からできた法律で処罰されることがあり得るのでは、処罰リスクのあるグレイゾーンは一気に広がり、その近辺ではおよそ行動を差し控えざるを得ないことになる。この原則は、民主主義の要請や一般予防論からは説明で

きない。事後であろうと法律の定めさえあれば、国会が処罰を決定していることになるし、一般予防論からは、その処罰によって一般人が威嚇されて当該行為を差し控えてくれれば目的は達せられるからである。

　また、類推解釈禁止の禁止及び明確性原則も、どのような行為が処罰されることになるのかを知ることができる状態を保障するという意味で、自由保障のためのルールであるということができる。更に、絶対的不定期刑の禁止も法律効果、つまり、どの程度に処罰されることになるのかの予測可能性という観点から自由な行動範囲のための原則であることになる。

3　類推解釈の禁止

　例えば、197条以下が、賄賂の収受等が処罰される場合を公務員による場合に明示的に限っているにもかかわらず、私立学校の教員は公立学校の教員と同様に成績評価等について公正・公平でなければならないという理由で、私立学校教員がその職務について賄賂を受け取った場合に197条以下を適用するような解釈が類推解釈である。

　このような解釈を認めると、実質上裁判官による立法を認めることになるし、法律効果の予測可能性をも害する。但し、罪刑法定主義の自由保障原理としての側面に鑑みて、被告人に不利な類推のみが禁止される。

　類推という形式を取った解釈でなければよいかと言えばそうではない。罪刑法定主義が自由保障原理であるとすれば、被告人に不利で且つ法律効果の予測可能性を害するような解釈は論理形式の如何を問わず、罪刑法定主義に違反するはずである。

　しかし、判例、通説は、類推は禁止されるが、拡張解釈は構わないとする。そこでは、拡張解釈とは、文言の有し得る可能な語義の範囲内での通常の語義からの拡張と考えられ、可能な語義の範囲とは結局、「国民の予測可能性の範囲」あるいは「国民にとって意外でない」範囲のことであるとされている。ここでも結局は、表現形式ではなく、予測可能性という実質的観点が決定的となっている。

　但し、判例は、この可能な語義の範囲を比較的広く認める傾向を示す。判例によって可能な語義の範囲内での、つまり許容される拡張解釈であるとされた

例としては、ガソリンカーは、「汽車、電車」(129条) に、公文書の写しをコピー機を使って改竄し行使した場合も偽造公文書の行使 (155条) に、鍋、徳利への放尿も「損壊」(261条) に、矢や散弾が命中しなくても狩猟法上の「捕獲」に、自動車登録ファイルの磁気ディスクも「公正証書原本等」(157条) に、偽造テレフォンカードの販売は「偽造有価証券の交付」(163条) にそれぞれ該当する、としたものなどがある。

　写しの改竄コピーの使用を偽造公文書行使とした判例には学説上批判が強い。また、磁気ディスクについては、後に157条の客体に「公正証書原本として用いられる電磁的記録」という文言が追加され、テレカについても163条の２第３項が新設され、「不正に作られた電磁的記録を構成部分とする支払用カードを譲り渡す」行為を捕捉できるようにされたことから見ても、無理な解釈であったと言える。

［葛原力三］

ファーストステップ
犯罪が成り立つには

4章　犯罪を成立させる事情

1　行為、結果、因果関係、未遂

犯罪とは構成要件に該当する行為である。

　刑罰という強力な法効果を持つ刑法は、紛争解決のための最終手段（**刑法の最終手段性**）でなければならず、違法で有責な行為のうち刑罰を使用してでも阻止すべき行為のみを処罰の対象としている（**刑法の断片性**）。それゆえ、ある事実を犯罪と評価するためには、それが犯罪としてリストアップされている類型の行為でなければならない。その犯罪リストの中心は刑法典第2編罪（73条〜264条）の規定である（刑法典以外にも刑法は存在する。航空機の強取等の処罰に関する法律その他の特別刑法や道路交通法その他の行政刑法がこれに当たる）。この規定の記述から抽出される犯罪行為の類型が構成要件である。この構成要件を特徴づける要素は、通常、行為（実行行為）、行為客体、結果、因果関係である。条文によっては犯罪主体が限定されているもの（**身分犯**）や**行為状況**が限定されている犯罪（114条・火災の際に）も存在する。各犯罪構成要件を完全に充足する場合を**既遂犯**と言い、完全に充足しない場合を**未遂犯**と言う。

1　違法性の源泉としての結果

　殺人行為（199条）が禁止されるのはその行為により人の生命が侵害されるからであり、また、監禁行為（220条）が禁止されるのは、その行為により身体移動の自由が奪われるからである。つまり、犯罪行為の違法性を基礎づけているのは、その行為によって生じる有害な結果、**法益侵害**である。全ての処罰規定は、法益保護を目的としており、「人の生命」や「身体移動の自由」は保護法益として位置づけられている。法益を侵害した行為を処罰することで、同種の法益侵害行為の反復を阻止し法益を保護しようしているのである。それゆえ、**構**

成要件該当行為 (実行行為) は法益侵害の危険性を有している行為でなければならない。

　ここで注意が必要なのは、犯罪論において「結果」という言葉が２つの意味で使用されるということである。犯罪行為の違法性の実質を根拠づける結果は法益侵害ないしその危険性である (実質的意義における結果) が、処罰規定の中には既遂犯成立のために行為の客体に対して行為とは区別された一定の事態の発生を要求しているもの (結果犯) とそうでないもの (挙動犯) がある (形式的意義における結果)。

事例4-1　Xは、深夜V宅に侵入して、寝室で睡眠中のVを日頃の恨みからあらかじめ準備していた包丁で刺殺した。

　殺人罪は、行為によって (包丁でVを刺す) 行為の対象 (行為客体) に一定の結果 (Vの死) が発生することで完成する結果犯であり、住居侵入罪は、一定の行為を行うことそれ自体 (V宅への侵入) で完成する挙動犯である。そして、殺人罪では、事実としてのVの死が生命という法益侵害と評価され、住居侵入罪では、V宅への侵入行為がVの住居立ち入りの許諾権という法益侵害として評価されるのである。結果犯の結果 (形式的意義における結果) は既遂犯成立のための事実的な条件であり**既遂結果**と言うことができよう。

　更に保護法益との関係で、犯罪は既遂犯が法益侵害を意味する**侵害犯**と法益侵害の危険性を意味する**危険犯**とに分類できる。また、この危険犯には**具体的危険犯**と**抽象的危険犯**がある。例えば建造物等放火罪は放火行為を処罰することで「公共の安全」を保護する危険犯であるが、その危険犯には、109条２項のように「危険の発生」が条文に明示されている具体的危険犯と、108条や109条１項のように条文にそれが規定されていない抽象的危険犯とがある。抽象的危険犯では、108条の「放火して、現に人が住居に使用し又は現に人がいる建造物……を焼損した」場合の住居が焼損したという事態それ自体が持っている一般的な危険性が犯罪完成に必要な結果となっていて、条文に規定されている結果が発生すればそれだけで常に犯罪が完成する。これに対し、109条２項のような具体的危険犯では、個々の事件での具体的な焼損行為によって実際に公共の危険が発生したことが確認されて初めて犯罪が完成するのである。この具体

的危険犯は、構成要件の予定する結果（実質的意義における結果）が法益侵害ではなく法益の危険というだけであって、侵害犯と犯罪の構造に違いはない。ある犯罪が抽象的危険犯か具体的危険犯かにより、後述の故意を認めるために必要な事実認識の範囲にも差が生じる（例えば、抽象的危険犯である108条では、放火して現住建造物を焼損するという事実を認識すればよいが、具体的危険犯である109条2項では、放火して自己の所有する非現住建造物を焼損するというだけでなく、そのことで公共の危険が発生することの認識が必要となるのである）。

2 因果関係

因果関係は、結果犯において、既遂犯の成立に必要な実行行為と結果との関係である。

　殺人罪は行為者が人を殺す行為を行い、その行為によってその人が死亡したときに完成する。結果犯においては、このように、行為と結果の間に、その行為によって結果が発生したという原因・結果の関係が必要である。実行行為を終了しなかった場合や実行行為を行ったが結果が発生しなかった場合は犯罪が完成しておらず未遂犯であり、仮に結果が発生していても、その結果と行為の間に因果関係がなければ、この場合もその行為との関係では結果が発生したと言うことができず未遂犯なのである。因果関係の有無が既遂犯と未遂犯を分ける基準となる。また、器物損壊罪のように未遂犯が処罰されていない犯罪においては、因果関係がない場合には犯罪が成立しない。更には、傷害致死罪のような後述の結果的加重犯においては、基本行為と重い結果との間に因果関係が存在しない場合には、基本犯罪（傷害罪）のみが成立する。

刑法上の因果関係は、条件関係と相当因果関係の2段階で判定される。

　刑法上の因果関係は、第1段階として、行為と結果の間の条件関係の存否が問題とされる。この条件関係は、一般に「その行為がなければその結果なし」という定式（仮定的消去方式）で判定される。例えば、XがVの頭部に向けてピストルを発射し、弾丸が頭部に命中をしてVが脳損傷で死亡した場合には、XがVにピストルを発射しなければVの死亡はなかったと言えるのでXの行為と

Vの死亡の間には条件関係がある。この条件関係によって、XのVにピストルを発射した行為とVの死亡が連結され、XがVを殺した事実が確定する。犯罪成立の検討の第1ステージとして構成要件該当性の評価が問題となるが、具体的事実の中から構成要件該当性の評価の対象事実を切り出す機能を果たすのがこの条件関係なのである。この行為と条件関係を持った結果の全体が犯罪「行為」である。この意味での行為について、構成要件該当性が認められるか否かという法的評価をすることになり、構成要件該当性を認めるのに必要な因果関係が、通説によれば、相当因果関係なのである。

事例4-2　Xは、雨の日に森に行き雷に遭って感電死することを期待して、×月×日の午後4時頃、Vを殺害する目的でVに森に行ってキノコを採ってくるように命じた。Vは森でキノコを探しているうちに雷に遭い感電死してしまった。

事例4-3　Xは通りでVをナイフで刺し逃走した。その後Vは通行人に発見され救急車で病院に搬送され緊急手術を受けて一命をとりとめたが、退院前日に発生した病院の火事で焼死してしまった。

事例4-2では、Xが命じなければVは森に行かなかった、Vが森に行かなければ雷に遭うことはなかったと言えることから、Xの行為がなければVの感電死なしと言うことができ両者の間に条件関係を認めることができる。しかし、「Xが殺意をもってVを森に行かせ、そのためにVが感電死した」という切り取られた事実を見て、人はXの行為を殺人であるとは考えないであろう。それは、森に行かせる行為と感電死という結果は常識的には結びつかない、その意味で感電死は偶然だからである。このような、その行為とその結果が常識的に見て（経験則上）相当な範囲内にある・ないという判断が相当因果関係の判断であり、因果関係の第2段階である。条件関係は事実的因果関係であるのに対し相当因果関係は構成要件要素としての法的因果関係である。条件関係がなければ刑法上の因果関係は認められないが、条件関係に更に相当因果関係で絞りをかけて、既遂犯としての適正な処罰範囲を確定しようとしているのである。**事例4-3**においても、Xの行為とVの病院での焼死に条件関係を認めることができるが、ナイフで刺す行為により焼死することが経験上相当であると

は言えず、Ｖの焼死という結果をナイフで刺す行為に帰属しＸがＶを刺殺したとして構成要件該当性を認めることは妥当でない。刑罰は犯罪が行われて法益侵害が生じて初めて科されるという意味で応報だが、将来の法益保護を目的としているのである。そして、1回性の歴史的事実としてその行為が結果の条件となっており、当該結果は回避可能であったというだけでなく、その種の行為を繰り返し行えばその種の結果も繰り返し発生するという意味で一般化可能な関係がなければ法益保護に役立たないのである。

　なお、**事例4-2**の「森に行かせる行為」は、森での感電死だけでなく、熊に襲われたことによる死、遭難死などの様々な死と相当性を持つとは考えられない。その種の行為からその種の結果が発生することが想定できないので、そもそも殺人の実行行為と評価することができない（**広義の相当性**の否定）。従って**事例4-2**のＸには殺人未遂も成立しない。それに対して、**事例4-3**では、ナイフで刺す行為による出血死等は想定できるが、ナイフで刺す行為が焼死に至るという因果経過は想定できないというに過ぎない（**狭義の相当性**の否定）ので、Ｘに殺人未遂罪は成立することになる。

条件関係を判断するには、結果を具体化する必要がある。

> **事例4-4**　ＸはＶを殺害する目的でＶの飲むお茶に致死量の毒物を混入し、そのことを知らないＶはそのお茶を飲んだが、その毒物が作用する前にＹにナイフで刺され出血多量死した。

　この事例で、結果を単にＶの死亡とし、Ｙがナイフで刺さなくともＸの混入した毒薬によりＶは死亡していたことを理由として、Ｙの行為がなくともＶの死亡なしとは言えないとしてＹを殺人未遂罪とすることは妥当でない。殺人の結果は死亡原因・死亡時刻により具体化されなければならない。そもそも人は必ず死亡する以上、結果をＶの死と抽象化してしまうと常に条件関係は否定されることにもなる。この事例では、Ｘの行為の持っていたＶの死亡の因果関係がＹの行為により断絶したのである（**因果関係の断絶**）。結果の具体化は、当該犯罪の保護法益との関係で重要性を持っているポイントについてのみ行われる。例えばＸに腹部を刺され路上に倒れていたＶを発見したＹが、Ｖを歩道に

移動させた後にVが死亡したとしても、Vの歩道上の死亡という形で具体化を行う必要がない。それは、生命という法益保護にとり重要性を持たないからである。

> **事例4-5**　死刑の執行に立ち会った被害者の家族Xが、死刑を執行しようとしているYを押しのけて死刑執行のボタンを押したために、死刑囚Vは死亡した。
>
> **事例4-6**　XとYは互いに意思連絡をすることなく、Vの飲むお茶にそれぞれ致死量の毒薬を混入し、それを知らないVがそのお茶を飲んで死亡した。

事例4-5を仮定的因果経過の事例と言い、事例4-6を択一的競合の事例と言う。いずれも仮定的消去公式による条件関係の判断の不都合さを論証するものである。事例4-5では、Xがボタンを押さなくてもYがボタンを押したはずで、Vは同一時刻に同じ死因で死亡していた以上Xの行為とVの死亡との間に因果関係はないのではないか。この場合には結果を具体化しても条件関係は認定できないのではないか。他方で、事実としてXがボタンを押したためにVが死亡しているので因果関係を認めないのはおかしいのではないかが問題となる。事例4-6ではXの使用した毒薬とVの使用した毒薬の効き目に時間的に差がある場合やVが致死量の2倍の毒薬を摂取したために死亡時刻が早まったという場合以外には、Xの行為にもYの行為にもVの死との間に条件関係を認めることができない。しかし、両方の毒薬が効果を生じて死亡しているし、両者が致死量の2分の1ずつ混入した場合には条件関係が認められるのに（重畳的因果関係）、致死量ずつを入れると条件関係が否定されるのは不当ではないかが問題とされる。多数説は、仮定的因果経過の事例では付け加え禁止方式を採用し、択一的競合事例では全条件一括消去方式を採用することで条件関係を肯定する。しかし、前者については、その行為がなければその結果なしという判断をするためには、その行為がなかったとして、その行為後にどのような事態が生じたと言えるかを考慮せざるを得ず、少なくとも死刑執行のような適法な行為は付け加えざるを得ないという批判、後者については、共犯関係が存在しないのに両者の行為を共に取り除いて判断する合理的根拠が存在しないと批判がなされ、いずれの場合も結果回避可能性が認められない以上条件関係を否定

すべきであるという立場も有力である。更に、条件関係判断を仮定的消去公式ではなく合法則的条件公式（行為から結果が発生することが自然科学的法則・経験的法則により説明できるか否か）で判断すべきであるとする**合法則的条件説**も有力に主張されている。この説は事実確定の意味での条件関係とは結果の十分条件であればよいとするものであり、両事例についてともに、この意味での条件関係を肯定する。

相当因果関係説は、判断基底について客観説と折衷説が対立している

> **事例4-7**　XはささいなことからVと言い合いになり、Vの顔面を素手で殴ったところ、たまたまVは脳動脈硬化症であったために、その衝撃で脳内出血を起こし死亡してしまった。

　相当因果関係説は、相当性を判断する際の判断資料（**判断基底**）に関して、①（主観説）行為者が認識し認識可能であった事情を前提とする立場、②（折衷説）一般人の認識可能な事情並びに行為者が認識し認識可能であった事情を前提とする立場、③（客観説）行為時に存在した全事情並びに行為後の介在事情については一般人に認識可能であった事情を前提とする立場に分かれている。主観説は因果関係と責任（過失）が混同されているという強い批判があり支持を失っており、現在では折衷説と客観説が、主に**事例4-7**のように、行為時に被害者に一般人に認識不能な特殊事情が介在し、それが結果発生に寄与した事例（**行為時の介在事情**）について対立している。客観説は、行為時に存在した全事情を判断基底とするので、顔面への素手での殴打によるVの脳内出血による死亡の因果経過の相当性の判断に当たり、Vの脳動脈硬化症を判断資料とするので相当であるということになる。これに対して、折衷説は、行為者が一般人の認識を上回ってVの脳動脈硬化症を認識していた場合は判断資料に入り相当因果関係ありとなり、認識していなかった場合には判断資料から除去され相当因果関係なしという結論になる。折衷説に対して、行為者の特殊事情に関する認識の有無という主観により客観的要件である因果関係の有無が決定されるのは妥当でなく、やはり責任と因果関係の混同であるという批判が強い。しかし、行為者の認識はあくまでも判断資料にとどまり、判断それ自体は経験則に従って

行われており、この批判は当たらない。また、行為者の認識していた事情は行為を行うにあたり行為者自身が利用した要件でもあるから、むしろ、その場合には結果をその行為者の行為に帰属するのが当然であるとも言い得る。この事例でのポイントは、被害者に存在した認識不能な結果発生リスクを、行動の自由にウェイトをおいて被害者に負担させて処理すべきか、法益保護にウェイトをおいて行為者に負担させて処理すべきかにあると言えよう。そして、その観点からは、行為者に負担させる客観説が妥当であると言えよう。

狭義の相当性について、判例・学説ともに危険実現化説を採用している。

　行為後に第三者の行為その他の介在事情が存在した事例について、判例は、危険の創出・危険の結果への実現（危険実現化説）を採用しており、学説もそれを支持している。その意味では、この説が通説となっていると言ってよい。

　事例4-8　Ⅹは通りでⅤをナイフで刺し逃走した。その後Ⅴは通行人に発見され救急車で病院に搬送されたが、その途中で救急車が交通事故を起こし、全身打撲で死亡してしまった。

　事例4-9　Ⅹは、前方不注視でⅤが自転車で道路を横断しているのを発見するのが遅れブレーキが間に合わずⅤに衝突してしまったが、停車せずそのまま逃走した。衝突の衝撃でⅤはⅩの運転する車の屋根に意識を失って横たわった状態になった。その後その車に同乗していたＹが、Ⅴの存在に気づきⅩに告げることなく、Ⅴを走行中の車の屋根から路上に落下させた。路上に落下したⅤは通行人に発見され救急車で病院に搬送され、数時間後に脳挫傷で死亡したが、その脳挫傷は最初の衝突の際に生じたものか路上に落下した際にできたものか不明であった。

　事例4-10　Ⅹは、公園でⅤの頭部をバットで殴り気を失っているⅤをベンチに寝かせたまま立ち去った。そこに偶然通りかかったＹが、Ⅴの顔面を素手で数発殴り逃走した。後に判明したところによると、Ⅴの死因はⅩの暴行により生じた脳内出血であり、Ｙの暴行はその死亡時刻を若干早めただけであった。

　事例4-9は**米兵ひき逃げ事件**（最決昭42・10・24刑集21巻8号1116頁）を、**事例4-10**は**大阪南港事件**（最決平2・11・20刑集44巻8号837頁）の事案を素材としたものである。いずれの事例においても、Ⅹの行為後の救急車の交通事故（救急車

の運転者ないし対向車等の運転者の過失行為）、ＹがＶを自動車の屋根から落下さ
せる行為、ＹのＶの顔面を殴る行為といった第三者の行為が介在している。そ
して、実行行為時にこれらの介在事情はいずれも予測できず、行為後にそれら
の行為が介在して結果が発生するという因果経過は経験上相当とは言えないの
で、相当因果関係説からは因果関係が否定されることになる。相当因果関係説
は、因果経過の経験上の相当性という観点から適正な結果帰属判断を行おうと
してきた。しかし、相当因果関係説は介在事情を経由した結果発生の相当性の
みを帰属判断に使用し、当該事情の介在が異常であれば、それを除去して相当
性判断という形で因果関係判断を行うために介在事情の結果発生への影響度の
違いを捨象してしまい、**事例 4 - 8 や 4 - 9** のように、介在事情が異常で且つ結
果発生への影響度が大きい事例群ではその結論の妥当性に問題は生じないが、
事例 4 -10 の場合のように異常な介在事情ではあるが結果発生への影響度が少
ない事例群について適正な結果帰属判断ができない点が問題とされている。

　判例は、前者では、「同乗者Ｙが進行中の自動車の屋根の上からＶをさかさ
まに引きずり降ろし、アスファルト舗装道路上に転落させるというがごときこ
とは、経験上、普通、予想しえられるところではなく、……Ｘの前記過失行為
から被害者の前記死の結果の発生することが、われわれの経験則上当然予想し
えられるところであるとは到底いえない」として因果関係を否定し、後者で
は、「犯人の暴行により被害者の死因となった傷害が形成された場合には、仮
にその後第三者により加えられた暴行によって死期が早められたとしても、」
Ｘの暴行とＶの死亡との間の因果関係は肯定できるとしている。そして、学説
もこの判例の結論を支持し、相当因果関係説からはこの結論を説明できないと
して「**相当因果関係説の危機**」が叫ばれた。

　更に、判例は、**夜間潜水訓練事件**（最決平 4・12・17刑集46巻 9 号683頁）におい
て、夜間潜水訓練中指導者Ｘが不用意に受講生Ｖらから離れ見失ったために、
指導補助者Ｙの不適切な指示もあり、岸まで海中移動しようとしたＶが空気を
使い果たし溺死した事案について、① Ｘの不注意な行為それ自体が、Ｖの海
中移動により空気を使い果たして溺死という結果を引き起こす危険性を持った
ものであったこと、② ＹとＶの不適切な行動はＸの行為から誘発されたもの
であることを理由に因果関係を認め、更に、**高速道路侵入事件**（最決平15・7・16

刑集57巻7号950頁）において、マンションの一室でXらに執拗な暴行を受けた
Vが、隙をついて靴下のまま逃走したが、逃走から10分後にマンションから

サイドステップ：既遂犯、未遂犯、そして予備罪

刑法典199条〜203条の条文を見てみよう。

　　　199条　人を殺した者は、死刑又は無期若しくは5年以上の拘禁刑に処する。

　　　201条　第199条の罪を犯す目的で、その予備をした者は、2年以下の拘禁
　　　　　刑に処する。ただし、情状により、その刑を免除することができる。

　　　203条　第199条及び前条の罪の未遂は、罰する。

　199条は殺人既遂罪の規定であり、犯罪事実＋法定刑で構成されている。こ
の規定から殺人罪の**既遂構成要件**が導出される。201条は殺人予備罪の規定で
あり、同様に犯罪事実＋法定刑で構成されており予備罪の構成要件が導かれ
る。これに対して、203条は殺人未遂罪を処罰することを明示しただけの規定
である。犯罪事実は、予備→未遂→既遂というプロセスで経過するが、なぜ未
遂の規定だけがこのような形を取っているのだろうか。その理由は、刑法典総
則編の43条・44条に未遂罪の規定が置かれていることにある。総則編は全ての
犯罪に適用される共通の規範であるから、43条の規定は全ての犯罪に適用さ
れ、全ての犯罪の未遂犯処罰方法についての規定となっている。具体的には、
43条は、未遂罪の犯罪事実として犯罪の実行に着手し、既遂とならなかったと
し、法定刑としては既遂犯の法定刑を「減軽することができる」と規定してい
る。その意味において、43条は全ての犯罪の未遂犯が処罰可能であることを示
している。また、43条但書の中止犯（犯罪の実行に着手した者が自らの意思に
より中止し既遂とならなかった場合）の「刑を減軽し、又は免除する。」（**義務
的減免・必要的減免**）という規定との関係では、**裁量的減軽・任意的減軽**を規
定している。各犯罪の未遂構成要件は、各則の規定＋43条で作成することが可
能である（199条＋43条＝殺人の実行に着手し、これを遂げなかった者は、死
刑又は無期若しくは5年以上の拘禁刑を減軽して処罰することができる）。そ
の上で実際にその犯罪の未遂犯を処罰するか否かについては203条のように明
示することを44条で規定しているのである。これに対し、予備の規定が総則編
に存在しないということは、予備行為は原則として処罰の対象でないことを示
している。そして、重大な犯罪についてのみ予備行為を処罰するために刑法典
第2編の犯罪カタログ中にその規定を置いているのである。

800m離れた高速道路に侵入して走行中の自動車に轢過されて死亡した事案で、Vの高速道路侵入はXらの執拗な暴行を逃れる方法として著しく不自然、不相当とは言えないとして暴行行為と死亡との因果関係を認めている。ここでは、結果発生への影響度の高い介在事情が実行行為により誘発されたことを理由に因果関係を肯定している。更に、**トランク監禁致死事件**（最決平18・3・27刑集60巻3号382頁）では、XらがVを自動車の後部トランクに監禁し路上に停車中に、前方不注視のYの自動車が時速60kmで追突し、そのためにVが死亡したという事案について、Vの死亡原因が追突事故を起こしたYの重過失行為にあるとしても、「道路上で停車中の普通乗用自動車後部のトランク内に被害者を監禁した本件監禁行為と被害者の死亡との間の因果関係を肯定することができる」とするが、被害者の死亡という結果は、車内ではなく、追突事故により容易に変形破壊される構造のトランク内に監禁していた行為の持つ危険性が追突行為を経由して実現したものと評価しているものと言えよう。以上の判例は、実行行為の結果発生への事実上の寄与度を評価することで、実行行為の持つ危険性が結果に実現したと言える場合に因果関係を肯定しており、その評価にあたり、①介在事情の結果発生へ寄与度の大小、②介在事情の通常性の有無、③実行行為と介在事情の関連性を判断要素としている。

　なお、この危険の現実化を前提にしながら、結果を誰の仕業であるとして帰属するかという規範的判断を強調する**客観的帰属論**が有力に主張されている。客観的帰属論は、①危険の創出、②危険の実現、③構成要件の射程を帰属判断の基準とする。例えば、前述の高速道路侵入事件について、①と②は肯定できるが、③について傷害致死罪のような結果的加重犯の重い結果は基本行為それ自体の有する危険が実現することが構成要件上要求されており、逃走行為による死亡結果発生は構成要件の射程外であるとして結果帰属を否定する。

2　犯罪の主体

　刑法典第2編の処罰規定を見ると、その大部分の条文は、単に「〜した者は」（例えば人を殺した者は）と規定しており、犯罪の主体として年齢や性別にかかわらず、全ての「人」（自然人）を予定している。文字どおり人は誰でも犯罪

者になることができる。しかしながら、条文の中には、「医師、薬剤師、医薬品販売業者、助産師、弁護士、弁護人、公証人又はこれらの職にあった者」（134条1項）や「公務員」（197条）のように犯罪主体を職業上の地位や資格といった一定の人的属性を持つ者に限定している場合がある。これらが身分犯である。更に、法律上、人とは、人つまり自然人と企業体のような法人を含む概念であるが、法人も自然人同様に犯罪主体となることができるか、法人にも刑罰を加えることができるのかについても問題となる。

1　身分犯

身分犯には、真正身分犯（構成的身分犯）と不真正身分犯（加減的身分犯）がある。

　身分犯には、収賄罪（197条以下）や秘密漏示罪（134条）のように、公務員や医師といった一定の人的属性を持った者の行為だけが犯罪となり、その属性を持っていない者が同じ行為をしても犯罪とはならない場合——公務員がその職務に関連して業者から金をもらうと収賄罪として犯罪となるが、会社員がその職務に関連して業者から金をもらっても収賄罪にはならない——と、保護責任者遺棄罪（218条）と単純遺棄罪（217条）のように、犯罪主体に一定の属性がある場合の方をそうでない場合と比べて刑を重くしている場合——親が幼児を山に連れて行き放置した場合の方が、他人が幼児を山に連れて行き放置した場合より刑が重い——とがある。前者のように身分の存在により犯罪を構成する場合を**真正身分犯**（構成的身分犯）と言い、後者のように身分の存在により刑が加重または減軽される場合を**不真正身分犯**（加減的身分犯）と言う。

　収賄罪は公務に対する社会の信頼を害する行為を処罰の対象としており、公務に対する社会の信頼を保護法益とする。それゆえに、公務を担う公務員が金員（賄賂）をもらう行為によってはじめて法益が侵害される。このように真正身分犯では、一定の身分を持った者の行為を通じてのみ事実上その法益侵害が生じるのであり、このような意味で身分者に対してのみ「賄賂をもらうな」といった刑法による禁止・命令規範が向けられている。これに対し、不真正身分犯では、一定の身分のある者の行為に対して、身分のない者の行為よりも強い社会的非難が向けられ、その意味で身分者が身分のない者よりも強く刑法によ

る禁止・命令を守ることを義務づけられている。そのことによって身分の存在
により刑が加重されることになる。

身分犯に言う身分は、一定の犯罪行為に関する特定の地位や状態を言う。

　日常用語において身分とは、社会においてその者が継続的に占めている地位
を示す言葉として使用される。しかし、判例は、「男女の性別、内外国人の
別、親族の関係、公務員たる資格のような関係のみに限らず、総て一定の犯罪
行為に関する犯人の人的関係である特殊の地位又は状態を指称する」もの（最
判昭27・9・19刑集6巻8号1083頁）と定義して、横領罪において他人の物を占有し
ていることや目的犯において目的を持っていること（最判昭42・3・7刑集21巻2号
417頁）、常習犯における常習性（大判大3・5・18刑録20輯932頁）、改正前の強姦罪
における女子を姦淫した者としての男性（最決昭40・3・30刑集19巻2号125頁）な
ども身分犯に言う身分と評価している。それは、継続的なものでなくても、そ
の人的属性が、上で述べたように、その行為の法益を侵害する力やその行為に
対する社会の強い非難を根拠づけるものであればよいと考えているからである。
　身分犯については、身分のない者（非身分者）は単独では犯罪を実行すること
はできないが、身分者の犯行に関与することはできるとされており、その場合
に非身分者の共犯としての処罰をどのようにするかについて65条が規定されて
いる。身分犯の問題は主に「共犯と身分」の問題として65条の解釈を巡って議
論される（8章3節1を参照）。

2　法人の犯罪

法人には犯罪能力があり、犯罪の主体となることができる。

　例えばX食品会社が製造過程で有毒物質が混入した食用油を販売し続けたた
めに、それを使用した者多数が肝機能障害を起こしたという場合に、X社それ
自体を業務上過失傷害罪で処罰できるのだろうか、これが、法人に**犯罪能力**は
あるかとして論じられる問題である。
　この点について、刑法典各則における処罰規定、例えば199条の人を殺した
者の「者」は、自然人である「人」のみを意味し、法人は含まれてはいないこと

に異論はない。それは、刑法典の規定している刑罰が死刑、拘禁刑を中心としており、それらの刑罰は当然自然人だけを対象とするものであるし、また犯罪の成立には責任能力（39条）や故意・過失（38条）が要求されるが、それらは人の一定の心理状態や判断能力を前提としているからである。法人に犯罪能力を認めるか否かが問題となるのは、その従業員の行った違反行為につき業務主（事業主）である法人に罰金を科す法律を作ることができるか、既に行政刑法や特別刑法の分野で採用されている両罰規定（従業員が違反行為をした場合に従業員とともに法人・事業主をも処罰する規定）での法人処罰をどのように説明するかという場面においてである。

　法人の犯罪能力を否定する立場は、法人それ自身には行為も故意・過失も責任能力も考えられないということをその理由とする。しかし、法人の犯罪能力を否定するこの立場によると、行政刑法での法人処罰は、法人に刑罰を受ける地位（受刑能力という）だけを認め、親が子供のやったことに親であるというだけで処罰される場合と同様に、従業員の犯罪行為を理由として何も犯罪行為をしていない法人を罰するという転嫁罰を認めることになってしまうであろう。このことは、刑法の基本原理である責任主義に反することになる。だからといって、この場合に違反行為をした従業員のみを処罰してすませることも妥当ではない。個人の犯罪よりも会社ぐるみの犯罪の方が被害範囲や被害の程度も大きなものになりやすいし、会社ぐるみの犯罪の場合の利益は個人ではなく会社に属するのが普通だからである。公害事件である水俣病事件や生産過程で有害物質が混入した粉ミルクで多数の被害を出した森永ドライミルク事件などの例からも明らかなように、そもそも企業活動上の犯罪に関して、社会の人々は工場長個人の犯罪というよりは会社の犯罪と評価するはずである。その点からしても、当然に法人にも犯罪能力は認められるし、また認めるべきである。

法人処罰には主に両罰規定が利用される。

　法人処罰の法形式としては、**代罰規定、両罰規定、三罰規定**がある。代罰規定とは、自然人の従業者の違反行為について業務主である法人のみを処罰する法形式であり、両罰規定とは従業者と法人とを処罰する法形式、三罰規定は従業者と法人とともに代表者・中間管理者も処罰する法形式である。事業主であ

る法人を処罰する行政取締法規は多数存在するが、その大部分は、「法人の代表者、法人又は人の代理人、使用人その他の従業者が、法人又は人の営業に関し、第××条から第××条までの違反行為をしたときは、行為者を罰するほか、その法人又は人に対し、各本条の罰金刑を科する」という両罰規定の形式をとっている（廃棄物の処理及び清掃に関する法律32条、法人税法132条、金融商品取引法207条、人の健康に係る公害犯罪の処罰に関する法律4条など、三罰規定形式のものとして、私的独占の禁止及び公正取引の確保に関する法律95条以下、労働基準法121条など）。

法人の処罰根拠については、同一視理論と組織体責任論が主張される。

　法人処罰の根拠については、通説は、法人の代表者の行為をもって法人の行為と理解する同一視理論を採用し、法人の代表者が違法行為を行った場合には法人の違法行為として処罰し、従業者が違法行為を行った場合には代表者の選任・監督上の責任を法人の違法行為として処罰する（個人抑止モデル）。これに対して、法人の社会活動の実態に注目し、法人の行為は法人自体の活動に見いだすべきであるとする組織体責任論も主張されている（組織抑止モデル）。この立場からは、自然人である従業者や代表者の具体的な違法行為や故意・過失が立証されなくても、法人が組織として違法・有責な活動をしたと評価できれば法人を処罰することが可能となる。その際には法人それ自体の故意・過失をどのように認定するのか、具体的な違法行為を明確にし、それを行った従業者も処罰することがなくとも違法行為が抑止できるのかが問題となる。現行法上の両罰規定を前提とすれば、いずれにせよ従業者の違反行為を前提とせざるを得ず、選任・監督責任の認定が個人抑止モデルの場合と異なるに過ぎない。

　なお判例は、大審院以来、両罰規定の従業者の違法行為に関する事業主責任につき無過失責任説を採用していたが、現在では過失推定説を採用している（判例変更をして自然人事業主について過失推定説を採用したものとして、最大判昭32・11・27刑集11巻12号3113頁、法人事業主について採用したものとして、最判昭40・3・26刑集19巻2号83頁）。過失推定説は、無過失の挙証責任を被告人側に転換するもので責任主義に違反するとする説（純過失説）も有力である。

　法人の処罰については、犯罪抑止の点において、違反行為者である従業者と

法人と常に同じ法定刑でよいかが問題となる。また、違反行為者よりも法人に
重い刑罰を科す場合にはその根拠も重要な問題となるであろう。

3 故 意

刑法は原則として故意犯のみを処罰している。

　38条1項は、但書により例外的規定が存在しない限り故意犯のみを処罰する
ことを明らかにしている。それゆえ、73条以下の規定は故意犯であることを前
提として理解することになる。なお、例外規定とは過失犯と結果的加重犯のこ
とであり、無過失の行為の処罰は**責任主義**に反するので例外規定に含まれな
い。38条1項によると、故意とは「罪を犯す意思」＝「罪に該当する事実の認
識（犯罪事実の認識）＋実行意思」である。

1 故意に必要な認識

故意には、最低限、犯罪事実＝構成要件該当事実の認識が必要である。

　故意とは罪を犯す意思であるから、当然に行為をする際に犯罪事実の認識を
持っていたのでなければならない。そして、違法で有責な行為のうち構成要件
に該当する行為のみに犯罪として刑罰が加えられるのであるから、犯罪事実の
認識は、まずは構成要件該当事実の認識である。ここで注意が必要なのは、構
成要件該当事実の認識とは、構成要件に該当するところの具体的事実であると
いうことである。行為者が頭の中に描いた事実がそのまま実現した場合に構成
要件に該当すると評価されるところの具体的事実なのである。決して行為者自
身が、その事実が構成要件に該当すると認識する必要はないのである。認識の
対象たる事実は、構成要件を特徴づける全ての事実であり、行為、結果、行為
客体、因果関係、そして処罰規定によっては、犯罪主体、行為状況も含まれ
る。故意の認識対象として、構成要件該当事実の認識だけでよいか、正当防衛
その他の違法阻却事由の前提事実が存在しないことの認識は必要か（誤想防衛
事例の処理との関係で問題となる）、違法性の意識（認識）は必要か（違法性の錯誤の

処理で問題となる）が問題となる（5章並びに11章3節を参照）。

故意には意味の認識が必要である。

　故意を認めるための構成要件該当事実の認識の程度が問題となる。前述したように、認識の対象は構成要件に該当すると評価されるところの事実であって、構成要件に該当すること（例えば自分の行為が殺人に当たることとか199条の規定に当たることである）の認識は不要である。Xが、盗んだY名義のクレジットカードを使用してVデパートでスーツを購入し、その売上票にYの氏名を使用して署名した場合に、その行為が詐欺罪に当たる行為であるとか、売上票が私文書偽造罪（159条1項）の私文書に当たるといったことは認識をする必要はない。他方で、構成要件該当事実の認識において、例えば人の外形をした物体を認識したが、それを精巧な案山子であると思ってピストルを撃ち込んだという場合に殺人の故意を認めることはできない。単なる**物体の認識**（裸の事実の認識）は故意のためには必要であるが、それだけでは十分でなく、人であるとの認識（**意味の認識**）が必要である。それは、構成要件該当事実についての意味の認識がない場合には、少なくとも、その認識に基づいて自己の行為の違法性について認識する契機が与えられないからである。とりわけ意味の認識は、刑法175条のわいせつ物頒布等罪における「わいせつな文書」のような**規範的構成要件要素**（ある文書がわいせつ文書か否かは法的専門知識を持った裁判官の判断が必要である。このように事実の認定に法的専門知識が必要であるような構成要件の要素をいう）において問題となる。この場合には、文字それ自体の認識でも、その文章の国語的意味の認識でも足りず、エロ本の類いであるとか、過激でいやらしい性的描写の本であるといったような社会的な意味の認識が必要である。他方で、法的評価としてのわいせつ文書であることの認識までは不要である。そうでなければ、裁判官のような法的専門知識を持った者しか故意はないことになるからである。法的評価であるわいせつ文書に対応する形で社会に存在する評価という意味で「**素人仲間の並行評価**」と言われる。このような意味の認識が行為者に存在しなかった場合には故意が否定されることになり、エロ本の類いではあるが販売しても構わないと考えたというような場合には後述の違法性の錯誤として処理されることになる。意味の認識は、その行為について違法性の

意識を持ち反対動機を形成する契機となるものでなければならず、更にまた、故意責任と過失責任の質的な差異を行為者の法益尊重意識の欠如に求める場合には、法益侵害事実の認識でもなければならない。

2　故意の存在時期

故意は実行行為のときに存在していなければならない。

　行為者は犯罪行為をしたことについて処罰されるのであるから、犯罪の成立要件のうち主観的要件は実行行為のときに存在したのでなければならない。例えば、殺人罪の客観的要件は、殺人行為をしただけでは完成せず、その行為によって被害者が死亡したときに初めて完成するが、主観面は行為をコントロールする要件として実行行為時に存在しなければならない。従って、結果の発生は行為時に先取りして認識する必要があり、その意味では、故意は犯罪事実の予見、結果発生の予見である。このような行為者の認識と実現された犯罪事実は通常は一致するが、XがYを殺そうとしてピストルを発射したが、弾丸がそれて、Yのそばに立っていたVに命中しVが死亡したという事例のように両者が食い違う場合もある。このような行為者の行為時の認識と発生した事実が食い違う場合の処理方法については事実の錯誤として問題となる（5章8節を参照）。

3　故意の種類

故意の種類には、確定的故意と不確定的故意がある。

　故意とは犯罪事実の認識とその実現意思からなる。犯罪事実の実現を確実なものと認識し（結果発生の確実性を認識し）それを意欲して行為にでる場合が理念型としての故意である。一般的には、故意の種類を**確定的故意**と**不確定的故意**に分類し、前者には**確知**の場合と**意図**の場合が、後者については**未必の故意**、**概括的故意**、**択一的故意**が挙げられる。確知の場合、結果発生が確実であると認識して行為に出た場合と、意図の場合、結果発生の可能性を認識しそれを意欲して行為に出た場合に故意責任を認めることに異論はない。未必の故意と

は、確知も意図も存在しない場合であるが、なお故意責任を認めるべきとされる事例群で、過失との境界線に位置づけられる事例群である。この点について、判例は結果発生の可能な事実を認識した上、発生してもよい、あるいはかまわないと思った場合に未必の故意を認める立場（後述認容説）を採用している（最判昭23・3・16刑集2巻3号227頁）。概括的故意とは、群衆に向けて爆発物を投げ込むような場合で誰が何人死亡してもかまわないと思っている場合を言い、択一的故意とは、AとBの2人のうちどちらか1人に当たればよいと考えてピストルを発射したような場合を言う。概括的故意事例も択一的故意事例も、個々の客体について未必の故意が併存している事例として評価できるので、未必の故意についての理解を適用して処理されることになる。

　故意と過失の境界については、過失を結果発生の認識のある場合（**認識ある過失**）と結果発生の認識はないが認識可能性のある場合（**認識なき過失**）とに区別し、未必の故意と認識ある過失の区別基準として議論される。

　この点については、**認識説、蓋然性説、認容説、動機説、実現意思説**が主張されている。認識説、蓋然性説は、故意を知的要素にウェイトをおいて理解する立場であり、認識説は結果発生の可能性の認識の有無で故意と過失を区別する。この立場からは、認識ある過失とは一度結果発生の可能性を認識したが行為時までにそれを打ち消した事例群として理解される。認識説には臆病な者や慎重な者ほど故意責任が認められることになるとの批判があり、その過度に広範な故意責任を限定するものが蓋然性説である。しかし、蓋然性と可能性の境界をどのように引くかの基準が不明確であること、故意と過失の区別を蓋然性と可能性という量的な差異に求めることになること、この立場からは確定的故意の1つである意図の場合に故意責任を認めることができなくなるという問題点が指摘されている。故意の意思的要素にウェイトをおくものが認容説である。認容説は結果発生の可能性の認識を前提として、その認容の有無により未必の故意と認識ある過失を区別する。認容には、「〜してよい」とする**積極的認容**と「〜しても仕方がない、〜してもかまわない」とする**消極的認容**があるとされ、認容をどちらの意味で理解するかにより故意の範囲が異なるが、判例・通説は消極的認容説を採用するものとされている。

　認容説に対しては、認容という微妙な心理状態により故意と過失を区別する

ことが可能か、その認定のために自白を強要することにならないか、結果発生の可能性を認識した上で無関心であった事例をどのように処理するかなどの批判がなされている。

　動機説並びに実現意思説は、犯罪事実の認識が行為意思と結びついた場合を故意とし、認識的要素と意思的要素の相関関係で判断しようとするものである。両説の区別基準は実質的に同一であり、故意の体系的位置づけにより説明方法に差異が見られる。動機説は認識が行為動機となった場合に故意が認められるとし、意図の場合あるいは積極的認容のある場合には認識を積極的な意味で動機とした場合であり、確知や蓋然性の認識のある場合には、その認識を反対動機として行為を中止しなかったという点で消極的な意味で動機とした場合であるとして故意を認める。実現意思説は、発生した結果が実現意思に包摂されるか否かを基準とし、意図の場合には当然に結果は実現意思に包摂されており、確知や蓋然性の認識のある場合に回避措置を取ることなく行為をした場合に実現意思を認め、結果発生の可能性の認識にとどまる場合には積極的認容がある場合に実現意思が認められるとする。

　故意を違法要素とするか責任要素とするかは、故意犯と過失犯の法定刑の差（例えば殺人罪と過失致死罪の法定刑を想起されたい）を違法に求めるのか（**行為無価値論**）責任に求めるのか（**結果無価値論**）に関係する。前者は、故意行為規範違反と過失行為規範違反の差異に、後者は法益尊重意識の有無（法益敵視・法益軽視）に法定刑の差の根拠を求める。行為時の実現意思の存在が故意行為規範違反を基礎づけるが、その過失行為規範違反との違法性の差異は、故意行為が法益侵害を志向する行為である点に求められている。そして、この法益侵害を志向する行為は、行為者の法益尊重意識の欠如（法敵対性）を示すものでもあると言える。

　なお、近時、行為者の認識した結果発生の可能性が法の期待する規範心理を持った者であれば、行為を思い止まる程度のものであった場合に故意を認める立場も有力に主張されている（**消極的動機説**、この説との関係で上述の動機説は**積極的動機説**とされる）。この説に対しては、故意の客観化を進めることにならないか、結果発生を認識した上で無関心ないし無頓着な場合にも故意責任を認めることなるが妥当かという批判がある。

　故意責任と過失責任の差異を、違法性の意識の可能性の程度差という量的なものではなく質的なものに求める以上は認識＋αが要求されるべきであり、その点からは実現意思説あるいは動機説が支持されることになろう。

4　結果的加重犯

結果的加重犯とは、一定の犯罪 (基本犯) から重い結果が発生した場合を一罪として処罰するものである。

　例えば、傷害 (204条) によって死亡結果が発生した場合を傷害致死罪 (205条) として処罰する場合のように、一定の基本犯罪から重い結果が発生した場合を一罪として処罰するものが**結果的加重犯**である。結果的加重犯の基本犯は通常は故意犯であり、傷害行為を行う者が被害者の死を意図していた場合には殺人罪が成立することからも明らかなように、重い結果につき故意がないことが前提となっている (例外的に基本犯が過失犯の場合もある。公害罪法3条2項)。そのことを示すために、結果的加重犯は、通常は「〜の罪を犯し、よって〜させた者は、」という形式で規定されている (傷害致死罪、逮捕等致死傷罪、遺棄致死傷罪その他) が、「よって〜」という規定形式を取らないものもある (例えば強盗致死傷罪)。

結果的加重犯では、重い結果につき過失が要求される。

　判例は、結果的加重犯の成立にあたり、重い結果につき過失を不要とする立場を取る (最判昭26・9・20刑集5巻10号1937頁)。それゆえ、結果的加重犯としての処罰範囲は、もっぱら基本的な犯罪行為と重い結果の因果関係の存否によって決定される (例えば、前述の大阪南港事件、高速道路侵入事件、トランク監禁致死事件)。この点に関連して、因果関係論での相当因果関係説は、基本行為が重い結果発生の条件になってさえいれば結果的加重犯の成立を認める条件説の過酷な結果を回避するために主張されたものであった。学説の大部分は、基本行為と重い結果との間に相当因果関係・危険現実化を要求した上で、更に責任主義の観点から、重い結果が行為者に予見可能な場合でなければ結果回避のため

の意思決定はできないはずであるとして、重い結果についての過失を要求している。この考え方を前提にすると、結果的加重犯は、実質的には基本犯罪である故意犯と重い結果についての過失犯ということになるが、しかし、その法定刑は、以上の故意犯と過失犯の2罪を認めて罪数処理をした場合よりも重く規定されている。例えば、もし刑法205条の規定が存在しなければ、傷害致死事件では傷害罪と過失致死罪が成立することになり、傷害結果をもたらしたのも死亡結果をもたらした行為も同一の行為であるから刑法54条の「1個の行為が2個以上の罪名に触れ」（観念的競合）に当たり、「その最も重い刑により処断する」ことになるので、傷害罪＝15年以下の拘禁刑又は50万円以下の罰金、過失致死＝50万円以下の罰金なので、結局15年以下の拘禁刑で処断することになる。傷害致死罪の法定刑は、3年以上の有期拘禁刑なので、3年以上20年以下となり、刑が加重されているのである（12条参照）。

　そこで、結果的加重犯の刑がそのように加重されている理由はどこにあるのか、またそのことが結果的加重犯の成立要件に影響を及ぼすのではないかが最近議論されている。結果的加重犯は、基本犯の実行行為が重い結果を発生させる危険性を類型的に持っている場合に、そのことに注目して、重い結果が発生したことを条件として、観念的競合による処断よりも重い刑を科しているのである。傷害致死罪はあるが脅迫致死罪はないし、強盗致死傷罪はあるが恐喝致死傷罪は存在していないことから明らかなように、結果的加重犯の刑の加重の根拠を基本的な犯罪が重い結果を発生させる高度の危険性を有している点に求め、それゆえ重い結果を発生させる高度の危険性を持つ行為が行われ、その危険が結果に直接実現したと評価できる場合にのみ結果的加重犯の成立を認めるという考え方が有力に主張されている。この考え方を前提にすると、傷害の被害者が逃げるために2階から飛び降りたために死亡したというように、傷害行為と因果関係を有するが傷害行為から直接死亡結果が発生したと言えない場合には、傷罪致死罪は成立しないこととなる。

5　違法性の意識の可能性

1　違法性の意識の可能性の意義

違法性の意識の可能性は、責任の必要条件である。

　刑罰は、犯罪行為をしたことについて行為者に責任があった場合に科される。それは、現代の刑罰システムが、犯罪者を、刑罰という鞭で激しい苦痛を与えて、動物と同様に犯罪をしないよう調教をしようとするのではなく、その者の自律性を尊重して、「君が決断してやったことは間違いだった」と非難をすることで、このような行為は二度とやってはいけないのだという意識（規範意識）を養成するよう働きかけて、将来の犯罪を防止するという方法を取っているからである。また、このことは、犯罪者も国民の1人であり憲法で保障された基本的人権を持っているのであるから、日本国憲法によっても当然のこととして要請されていると言ってもよいであろう。責任とは、犯罪行為を行うという意思決定をしたことについての非難可能性である。例えば、殺人者の殺人を行うという意思決定に対する非難可能性は、殺人を行うという意思決定を行わないことができたことを前提条件としている。非難はそうしないことができたときにのみ可能だからである。気温が25度を超えると必ず殺人を行うように決定されている者は、25度を超えると殺人をする危険な人物であるとは言えても、25度を超えて殺人を行ったことを非難することはできない。また、非難可能性は他行為可能性を前提とするということもあるが、これはA行為を決断した場合にB行為も決断できたという意味ではない。殺人者に「君は窃盗も決意できた」として非難することはナンセンスなことである。他行為可能性とは、実際にはその犯罪行為をしないという意思決定ができたということである。

　ところで、その犯罪行為をしないという意思決定ができるためには何が必要であろうか。そのためには、その行為が違法であると評価できたこと——違法性の意識の可能性——が必要である。行為者に違法性の意識が生じた場合はもちろんであるが、違法性の意識はなくても、最低限その可能性があれば、まずは違法性を意識してそれに基づいてその行為をしないという意思決定をすることが可能となる。このことを反対動機形成可能性と言う。その行為を違法と評

価できる可能性がなければ、その行為をしないという意思決定をするきっかけはどこにも存在しないのである。以上の意味から、犯罪行為を行うときに違法性の意識の可能性が行為者にあったことは、非難可能性としての責任の必要条件なのである。

違法性の意識の可能性がないのは例外である。

　刑法システムは、その国の国民の大部分が刑法を守ることを前提としている。国民の大部分に破られることを想定した法は法としての意味を持たないからである。このことから、一般国民は、犯罪行為をしないという意思決定をすることが可能だということが当然の前提となる。つまり、法の前提とする平均的な精神的能力を持った者、すなわち、責任能力者が、犯罪に当たる事実を認識すれば、その行為についての違法性の意識を持つことができ、その違法の意識に基づいてその行為をしないという反対動機を形成し犯罪を行うのを中止することが可能であるということが刑法システムの前提となっている。更に注意が必要なのは、反対動機を形成し犯罪を行うのを中止できたということと実際に中止したということは別だということである。実際に殺人をしてしまった者も、行為の時に中止できたということを理由に殺人をしてしまったことが非難可能となるのである。そして、故意（構成要件該当事実の認識）あるいは過失（構成要件該当事実の認識可能性）と責任能力により、通常は違法性の意識の可能性が存在することになる。

　なお、違法性の意識の可能性の「違法性」の内容について、①社会倫理規範に違反することとする立場、②法規範に違反することとする立場、③可罰的刑法規範に違反することとする立場がある。これは、責任非難の内容を①道義的・倫理的非難とするか、②法的非難とするか、③可罰的非難とするかに対応する形で主張されている。道徳的・倫理的非難と法的非難とは区別すべきであるという点では②の立場が支持される。刑罰という苛酷な法効果の前提としての非難という点からは、一般的違法性ではなく可罰的違法性を重視すべきであり、その点からは③の立場が妥当であろう。

2　違法性の錯誤と違法性の意識の可能性

違法性の錯誤とは、行為者が自分の違法な行為を適法であると思うことである。

　行為者が責任能力者であり、犯罪にあたる事実を認識していても、法律を知らなかったり、法律の意味を誤解したりして自分の行為を違法でないと思ってその犯罪行為を実行してしまった場合を違法性の錯誤と言う。

事例4-11　大麻の所持や自己使用が許されているオランダから日本企業に就職したXは、日本では禁止されていると知らずに大麻を自宅で吸引するために所持した。
事例4-12　Xは、商店のシャッターに美しい絵を描くのが器物損壊になるとは思わずに無断で風景画を描いた。

　最初のケースは**法の不知**による場合で、後のケースは「**あてはめの錯誤**」による場合であり、違法性の錯誤にはこの2つの態様がある。行為者が違法性の錯誤に陥っている場合には、その者には自分の行為についての違法性の意識はない。しかし、その行為を行ったことについて非難可能であったかどうかという観点からすれば、違法性の意識がなかったことではなく、違法性の意識の可能性があったかどうかこそが問題となる。もちろん、行為者が違法性の意識を持ちながら犯罪行為を行った場合の方が、違法性の意識はなく違法性の意識の可能性しかなかった場合よりも、より容易に行為をやめることが可能であったと言えるので非難の強さは違うことは確かである。それは、実際には非難の量の違いとして扱われ、具体的な刑を決めるときに考慮される（これを**量刑事由**という）。

　行為者の「法を知らなかった」とか「法律の意味を誤解していた」という言い訳を安易に認めて刑罰を加えないのは犯罪防止の点で問題がある。他方で、国民はその義務として法律を正確に知っておくべきであるとして、そのような言い訳を一切認めないのも問題である。様々な法律によって社会生活が規制されている現代社会にあっては、法の不知や法についての誤解を非難できない場合もあり得るからである。そこで、違法性の意識の可能性があったのかどうかの判断は、行為者が違法性の錯誤に陥ったことに合理的な根拠があったかどうか

によって行うのが妥当であろう。行為者の立場に立ったら、誰でもが陥るような錯誤によって自分の行為を適法であると考えて犯罪行為を行ったことを理由に刑罰を加えても、およそ犯罪防止効果は考えられないからである。なお、ここで注意が必要なのは、当該行為者が違法性の意識を持っていたか否かは単純な行為者の意識（主観）についての事実認定の問題であるが、違法性の意識の可能性があったのか否かは行為にあたっての行為者の意思決定過程に関する評価の問題だということである。それゆえに、前者については行為者がそんな意識はなかったと言えば終わりであるが、後者については、例えばある活動をするに際して、その活動を規制している法律を調べたかとか、誰かそれについて権威のある人に相談ないし照会をしたかとか、規制法律はみんなが常識として知っているようなものであったのかなかったのかといったような事情を総合的に考慮した上で、行為者が違法性の錯誤に陥ったことも無理もないことであると言える場合に、違法性の意識の可能性がなかったと評価し認定されるのである。このように、違法性の錯誤の場合に違法性の意識の可能性があったかどうかは、違法性の錯誤が回避できたかどうか（違法性の錯誤の回避可能性）の問題として処理される。

　なお、この点に関連して、故意と違法性の意識の可能性の関係が問題となり、違法性の意識ないし違法性の意識の可能性を故意の構成要素とする立場（**故意説**）と故意犯・過失犯に共通の責任要素であるとする立場（**責任説**）がある。故意説は、違法であることをあえて実行するところに故意責任の本質があるとし違法性の意識を故意の構成要素とする**厳格故意説**と違法性の意識の可能性で足りるとする**制限故意説**に分かれる。責任説は、違法阻却事由についての錯誤の処理方法を巡りそれを事実の錯誤とする**制限責任説**と違法性の錯誤とする**厳格故意説**に分かれる（この点についての詳細は、錯誤→5章8節を参照）。

6　過　失

1　注意義務違反

過失とは、注意義務違反である。

> **事例 4 -13**　Xは、道路を自動車で走行中にわき見をしたために、前方を走行するVの自動車が赤信号のために停止したことに気づかず、Vの自動車に自車を追突させ、Vに頸椎捻挫の傷害を負わせた。

　38条1項には、「罪を犯す意思がない行為は、罰しない。」と書かれている。ゆえに、犯罪は行為者に故意が認められる場合に成立するのが原則である（故意犯処罰の原則）。しかし、同条同項には、「ただし、法律に特別の規定がある場合は、この限りでない。」とも書かれている。そのため、故意の認められない行為であっても、例外的に処罰される場合がある。そのような場合に当たるのが、過失犯である。

　過失とは、ざっくりと言えば、「うっかりしてはいけないときに、うっかりすること」である。例えば、過失致死罪(210条)は、「うっかり」人を死なせた罪をいう。「うっかり」してはいけないときに「うっかり」したまま行為することによって被害を発生させているので、処罰の対象となり得る。要するに、過失とは、うっかりしないよう注意する義務があるときに、注意しなかったこと、つまり、**注意義務違反**を言う。

注意義務違反は法規範違反とは別であり、予見可能性と結果回避可能性を前提にした結果回避義務違反によって基礎づけられる。

　ここで、注意義務という概念には、端的に結果を発生させない義務やそのために一定の措置を講じる（あるいは講じない）義務のほか、結果を発生させないために意識を集中し、情報を収集する義務など様々なものが含まれ得るが、通説は、過失犯における注意義務を、予見可能性を前提とした結果回避義務と解している。**事例 4 -13**に即して言えば、自動車が走行する道路でわき見をしながら運転をすれば、前方車両の動静に対応できず、追突によって前方車両の運

転手や乗員を負傷させることは容易に予想できる。そのため、不注意に走行すれば、追突によって前方車両のVに傷害を負わせることをXは予見可能であり、前方を注視し状況変化に応じて停車するなどして追突事故を回避する義務（結果回避義務）があった。にもかかわらず、Xは不注意に自車を走行させてVの自動車に追突し、その衝撃によってVに頸椎捻挫の傷害を負わせていることから、Xの行為は自動車運転死傷処罰法5条の「必要な注意を怠」る行為に当たると考えるわけである。

予見の対象は、犯罪事実である。

　もっとも、結果回避義務自体は、故意犯を含めて全ての犯罪に共通する義務である。その意味で、注意義務違反の有無を判断する際、過失固有の要素として重要な意義を有するのは、**予見可能性**である。予見可能性は、結果回避可能性を導く単なる「契機」ではなく、行為者が構成要件該当事実（結果）を生じさせたことに対する責任非難を基礎づけるための要件だからである。

　即ち、故意犯では、客観的な犯罪事実を認識・予見していながら、あえてその犯罪事実を惹起したことが責任非難を根拠づけるが、それと同じように、過失犯では、犯罪事実が予見できたのに、不注意で犯罪事実を惹起したことが責任非難を可能とする。ゆえに、予見可能性における予見の対象は、故意の場合と同じく、「犯罪事実」である。結果の原因となった行動を思い止まる動機となるべき結果発生の「許されない危険」といってもよい。しかし、予見は現実の結果発生よりも前に存在しなければならない。そのため、行為者に認識可能な犯罪事実、つまり、認識可能な構成要件的結果や因果関係が、現実の結果や現実の因果関係とどこまで重なり合う必要があるのかが問題となる。

結果の予見可能性に客体の認識は不要であるが、認識可能性は必要である。

　このうち、結果の予見可能性、とりわけ客体の予見可能性に関し、最高裁は、現に侵害された客体に侵害が生じることの予見可能性を必要とせず、構成要件レベルで抽象化された「人」に結果が生じることの予見可能性によって過失犯の成立を基礎づけている（無断同乗事件／最決平元・3・14刑集43巻3号262頁）。具体的には、被告人が軽四輪を運転中、制限速度を超過して走行した結果、ハ

ンドル操作を誤り、信号柱に自車左側後部荷台を激突させ、助手席に同乗していたＡに傷害を負わせるとともに、後部荷台乗車していたＢ、Ｃを死亡させたが、被告人はＢ、Ｃが乗車していた事実を認識していなかったケースについて、「被告人において、右のような無謀ともいうべき自動車運転をすれば人の死傷を伴ういかなる事故を惹起するかもしれないことは、当然認識しえたものというべきであるから、たとえ被告人が自車の後部荷台に前記両名が乗車している事実を認識していなかつたとしても、右両名に関する業務上過失致死罪の成立を妨げない」とした。これは、錯誤論における抽象的法定符合説に親和的な判断であり、具体的な被害者ではなく「人」一般の死亡ないし負傷が予見できれば、過失致死傷罪の成立が認められると述べているようにも見える。しかし、本決定は、無断同乗者の存在を「認識していなかったとしても」と述べているのであるから、無断同乗者の存在の現実の認識を不要としただけであって、認識可能性まで不要としたものではないと言うべきであろう。そもそも、抽象的法定符合説は、およそ存在の分からない客体に被害結果が発生した場合にまで故意を肯定する見解ではない。故意であれ過失であれ、存在を認識できない客体に被害が発生することの認識や予見は不可能であり、認められない。本決定を前提にしても、およそＢ、Ｃが乗車している事実を被告人が認識できない場合であれば、予見可能性は否定される。

　なお、以上のように、被害客体についての認識可能性が必要であるとしても、不特定または多数人に結果が生じることについての予見可能性は、肯定され得る。概括的であっても、一定の範囲内における客体に対する結果発生の認識可能性を肯定できるからである。この点に関しても、概括的故意に関する説明とパラレルに理解することができよう。

因果経過の予見可能性に現実の因果経過の認識・予見可能性は不要であるが、現実の因果経過の基本的部分の予見可能性が必要である。

　次に、因果関係の予見可能性に関して、因果関係の予見可能性に現実の因果経過の認識・予見可能性は不要である（最決昭54・11・19刑集33巻7号728頁）。もっとも、現実の因果経過の基本的部分の予見可能性は必要である。この点を明らかにしたのが、北大電気メス事件（札幌高判昭51・3・18刑月29巻1号78頁）と

呼ばれる次のようなケースである。即ち、心臓病の外科手術の際、看護師である被告人が電気メス器のケーブルを誤って接続したところ、安全装置のない心電計が使用されていたという事情と相まって高周波電流に異常な回路が形成され、電気メスの対極板を装着した患者の右足間接直上部に多量の熱が発生し、重度の熱傷が生じたが、そのようなメカニズムは当時知られていなかったというものである。札幌高裁は、結果発生の予見とは「特定の構成要件的結果及びその結果の発生に至る因果関係の基本的部分の予見を意味する」とした上で、「ケーブルの誤接続をしたまま電気手術器を作動させるときは電気手術器の作用に変調を生じ、本体からケーブルを経て患者の身体に流入する電流の状態に異常を来し、その結果患者の身体に電流の作用による傷害を被らせるおそれがある」という「特定の構成要件的結果及びその結果の発生に至る因果関係の基本的部分」を被告人が予見できた以上、過失が認められるとした。

　また、最高裁も、生駒トンネル事件（最決平12・12・20刑集54巻9号1095頁）において、現実の因果経過を具体的に予見できなかったとしても、それと異なる因果経過をたどって結果に至ることを予見するのは可能であったことを理由に、過失犯の成立を肯定している。即ち、トンネル内の電力ケーブルの接続工事において、被告人が、ケーブルに高圧電流が流れる場合に発生する誘起電流を設置するための2種類の設置銅板のうちの1種類を分岐接続器に取り付けることを怠ったため、誘起電流が分岐接続器本体の本来流れるべきでない部分に流れて炭化導電路を形成し、長時間同部分に電流が流れ続けたことによって火災が発生し、トンネル内を通過中の電車の乗客が死傷したというケースについて、「被告人は、右のような炭化導電路が形成されるという経過を具体的に予見することはできなかったとしても、右誘起電流が大地に流されずに本来流れるべきでない部分に長時間にわたり流れ続けることによって火災の発生に至る可能性があることを予見することはできた」として、過失犯の成立を認めている。この判断も、因果関係の錯誤に関して、現実の因果経過と行為者が予見していた因果経過の間に齟齬があったとしても、両者が構成要件の範囲内で符合していればよいとする考え方に通ずるものと言えよう（もっとも、本件被告人は、精度の高い抵抗計によって調べれば、現実の因果経過の基本部分が予見可能であったのだから、その点を述べるべきであった）。

結果回避義務は法規における義務によって直ちに基礎づけられるわけではない。

　こうして結果発生及びそれに至る因果経過の基本的部分の予見可能性が肯定された場合、次に問題となるのが、結果回避義務である。故意犯の場合、構成要件該当事実の認識やそれをもたらす予見がある場合、当該行為に出ることが禁止される。つまり、その行為に出ないことが結果回避義務の内容になる。これに対し、構成要件該当事実をもたらすことの予見はないが、それが可能な過失犯の場合、当該行為に出ないことを常に義務づけることはできない。というのも、故意のない行為については、当該罰則の禁止する目的が追求されているわけではないのであれば、行為を行うこと自体を完全に禁止することはできないからである。そのため、当該事案において、その行為によって結果が生じる危険を制御・解消し、結果を回避する措置はあるのか、それはどのようなものなのかが、事案ごとに判断される必要かある。

　そうした判断の際、重要な手がかりとなるのは、道路交通法〔道交法〕上の義務や消防法上の義務など、行政法規上の義務である。これらの法規は、事故防止のための様々な措置を定めるものとなっているからである。もっとも、そうした行政取締法規に規定された諸々の義務と過失犯における注意義務とは、必ずしも一致するわけではない。**事例 4 –13**のようなケースでは、道交法上の徐行義務や前方注意義務の違反が問題となり得るが、過失犯における注意義務は、あくまで結果回避の措置を内容とする。そのため、徐行や前方注視自体ではなく、それらの義務を順守した上で、衝突を回避すべく適切に停車するなどの措置をとることが内容となり得る。また、それゆえに、義務に違反した不注意な行為について、結果発生の実質的な危険、即ち、構成要件該当性を基礎づけることが可能となる。具体的には、結果回避を可能とし得る複数の措置の中から、当該措置が求められる時点での予見可能性の有無や現実に行われた行為の有用性等を考慮し、当該措置を義務づけることが法的に過度な要求とならないかが検討されることになる。

結果回避義務を課すためには、結果回避可能性が必要である。

　上記のような結果回避義務を課す前提とされるのが、結果回避可能性であ

る。もっとも、結果回避可能性には、結果回避措置を講じることができたという意味で用いられる場合と、結果回避措置を講じておれば結果を回避できたという意味で用いられる場合とがある。

　このうち、前者が結果回避義務の前提とされることは言うまでもない。法が不可能を強いることはできないからである。これに対し、後者については、この意味での結果回避可能性も結果回避義務の前提に位置づける見解と、過失犯の因果関係に位置づける見解とに分かれている。過失は、行為者にとって当該結果が物理的・生理的に回避可能であった時点で存在することが必要だとすると、「結果回避措置をしていれば結果を回避できた」という関係も、結果回避義務の前提として必要となる。これに対し、過失は現実の結果が発生する以前の段階で、いわば事前判断によって結果回避義務を課すものであるから、結果回避措置をしていれば結果を回避できたかという事後的に明らかにされるものを回避義務の前提にはできないとする見解もある。後者の理解によれば、「結果回避措置をしていれば結果を回避できた」という関係は、因果関係判断の要素として位置づけられる。

　この点に関し、最高裁は、タクシー運転手であった被告人が深夜見通しのきかない交差点に進入するに際して、黄色信号が点滅していたにもかかわらず漫然と時速30〜40kmで進行したところ、折から左側道路から酒気を帯び、時速約70kmで前方を注視せずに進行してきたA車と衝突し、被告人車に乗っていたB、Cを死傷させたという黄色信号点滅事件（最判平15・1・24判時1806号157頁）において次のように述べ、業務上過失致死傷罪（現在であれば、自動車運転死傷処罰法5条の過失運転致死傷罪）の成立を否定している。すなわち、被告人の行為は「道路交通法42条1号所定の徐行義務を怠ったものといわざるを得ず、また、業務上過失致死傷罪の観点からも危険な走行であ」り、「それ自体、非難に値するといわなければならない」が、「対面信号機が黄色灯火の点滅を表示している際、交差道路から、一時停止も徐行もせず、時速約70キロメートルという高速で進入してくる車両があり得るとは、通常想定し難いものというべきである。しかも、当時は夜間であったから、たとえ相手方車両を視認したとしても、その速度を一瞬のうちに把握するのは困難であったと考えられる。こうした諸点にかんがみると、被告人車がA車を視認可能な地点に達したとして

も、被告人において、現実にＡ車の存在を確認したうえ、衝突の危険を察知するまでには、若干の時間を要すると考えられるのであって、急制動の措置を講ずるのが遅れる可能性があることは、否定し難い」ため、「被告人車が本件交差点手前で時速10ないし15キロメートルに減速して交差道路の安全を確認していれば、Ａ車との衝突を回避することが可能であったという事実については、合理的な疑いを容れる余地があるというべきである」。

　こうした最高裁の判断に関しては、「過失犯は成立しない」という結論には意見の一致が見られるものの、①注意義務違反と結果との因果関係を否定したものとする理解と、②注意義務の前提たる結果回避可能性が否定されたものとする理解がそれぞれ主張されている。

　①は、最高裁は、被告人の行為が「業務上過失致傷罪の観点からも危険な走行である」と述べていることから、本件では、徐行し前方を注視しながら交差点に進入すべき道交法上の義務（道交42条）が業務上過失致死傷罪の成立を基礎づける注意義務、つまり、結果回避義務にも当たり得るという理解を前提にする。この場合、前提とされる結果の予見可能性は、左側から交差点に進入してくる車両の存在と衝突の可能性を対象に肯定される。そのため、結果回避可能性を否定した点は、結果回避義務違反と結果との関係を否定したものとして理解することができる。

　これに対し、②によれば、最高裁は、「被告人車がＡ車を視認可能な地点に達したとしても、被告人において、現実にＡ車の存在を認識した上、衝突の危険を察知するまでには、若干の時間を要する」と述べており、被告人がＡ車を視認可能な時点での結果発生の予見可能性を問題にしている。つまり、予見の対象は、Ａ車との衝突の危険である。また、それを前提に、当該時点における結果回避措置として、（本件交差点手前で時速10ないし15kmに減速して交差道路の安全を確認した上での）急制動などの措置の可否を問題にしている。ゆえに、ここで否定されている結果回避可能性は、「急制動などの措置」という「結果回避措置」が履行できたか否かを問題とするものであって、まさに注意義務の前提としての結果回避可能性を否定するものと考えることができる。

　多数説は、上記判決を①のように理解するが、その場合、結果回避義務の前提とされる予見可能性の対象がやや抽象的な形で捉えられることになる点には

注意が必要である。

2　過失の種類

　上述のように、過失とは注意義務違反を言い、刑法典上、特別な規定がある場合に限り、例外的に処罰される。刑法典が定める過失の処罰規定は、失火罪（116条）、過失激発物破裂罪（117条2項）、業務上・重過失失火罪、業務上・重過失激発物破裂罪（117条の2）、過失建造物等浸害罪（122条）、過失往来危険罪・業務上過失往来危険罪（129条）、過失傷害罪（209条）、過失致死罪（210条）、業務上・重過失致死傷罪（211条）であり、これとは別に、自動車運転死傷処罰法5条に、自動車運転上の過失により人を死傷させる行為を処罰する過失運転致死傷罪が規定されている。

　これらの規定に見られるように、過失には、過失致死罪のような単純な過失のほか、業務上過失致死傷罪（211条前段）などにおける「業務上必要な注意」が怠られた場合である業務上過失や、重過失致死傷罪（211条後段）などにおける「重大な過失」がある。単純な過失による致死傷罪については、罰金や科料といった財産刑のみ科されるが、加重類型である重過失や業務上過失の場合、5年以下の拘禁刑等も科され得る。

　まず、重過失、即ち、「重大な過失」とは、わずかな注意で結果が予見でき、且つ、結果の発生を容易に回避し得る場合を言う。つまり、過失自体が重大な場合を意味する。もっとも、実務上は、被害の重大性も考慮されていると考えられている。なお、重過失については、行為者が結果発生の可能性を事前に少しでも考えた場合である「認識ある過失」と類似して見えるが、重過失は、結果が発生する可能性を一度でも考えたことを必要としない一方で、認識ある過失が重過失であるとは限らない点で、両者は区別される。

　次に、業務上過失に関して、最高裁は、業務上過失致死傷罪（211条）の業務上過失を、①社会生活上の地位に基づき、②反復・継続して行う行為であって、③他人の生命・身体に危害を加える虞のあるものと定義する（最判昭33・4・18刑集12巻6号1090頁）。他方、業務上失火罪（117条の2）の業務については、職

務として下記の安全に配慮すべき社会生活上の地位を意味するとされる（最決昭60・10・21刑集39巻6号362頁）。加重処罰の根拠については、業務者に特別の注意義務があることを加重処罰の根拠とするのが通説であるが（最判昭26・6・7刑集5巻7号1236頁）、同じ行為である場合に業務者とそうでない者で義務内容に差異はないという批判もある。学説では、業務者による過失事故には甚大な被害が伴う場合が多いことや、業務者の注意能力の高さを根拠とする説明も主張されているが、意見の一致は見られていない。

　なお、自動車運転上の過失については、従前、業務上過失致死傷罪などで処罰されていた自動車運転中の過失致死傷が、2007年の刑法改正により、自動車運転過失致死傷罪として刑法211条2項に置かれるようになったが、それが更に2013年に「自動車の運転により人を死傷させる行為等の処罰に関する法律」5条に移されて、現在の過失運転致死傷罪となっている。もっとも、その法定刑の上限は業務上過失致死傷罪によりも2年引き上げられ、7年以下の拘禁刑とされている。

サイドステップ：管理・監督過失

　重過失や業務上過失、自動車運転上の過失といった条文における過失の種類とは別に、過失犯の特殊事例として、管理過失や監督過失と呼ばれるものがある。管理過失とは、管理者による物的設備・機構・人的体制についての管理責任者が、事故防止のための体制を確立する義務を怠ることを言う。これに対し、監督過失とは、被監督者に指導・指揮・監督等を行うことによって事故の発生を未然に防ぐべき立場にある者が、義務を怠ることを言う。いずれの場合も、適否が問題となるのは、刑法209条以下の通常の過失致死傷罪の規定であって、特別の過失規定があるわけではない。

　もっとも、管理・監督過失が問われるケースでは、管理者らの義務違反は、安全体制の確立や監督をしていないという不作為として問題となる。そのため、いつの時点からの不作為が問題なのか、実行行為の特定が困難である。また、例えばホテルで不慮の火災事故が発生し、死傷者が出たという場合、出火の原因や時期を具体的に予見することはできないのではないかという問題がある。更に、監督過失の場合、過失行為によって結果を直接発生させたのは、被監督者である。ゆえに、監督者に結果の予見可能性を認めるためには、直接行

為者の過失行為が予見可能であることが必要となるが、監督者が不信の目を向けるべき範囲も、ある程度具体的に特定されているのでなければ、管理や監督などの様々な分業によって維持されている社会生活が成り立たなくなってしまう。

　判例には、病院で火災事故が発生した際、看護師や警備員等が不適切な行動をしたために新生児などが死傷した事案につき、管理者としてなすべき体制整備のあり方が看護師等の不適切な行動との関係で問題とされ、看護師等が不適切な行為に出ることの予見可能性が欠けるとして管理・監督者らの過失を否定したケースもあるが（札幌高判昭56・1・22刑月13巻1＝2号12頁）、化学工場において被監督者である作業員によってもたらされた事故につき、当該作業員が過失行為を行う兆候が認められるとして、工場長や課長ら監督者の過失責任を肯定したものや（新潟地判昭53・3・9判時893号106頁）、ホテルで大規模火災事故が発生した際、防火体制の不備によって多数の死傷者が出たケースで、「宿泊施設を設け、昼夜を問わず不特定多数の人に宿泊等の利便を提供する旅館・ホテルにおいては、火災発生の危険を常にはらんでいる上、被告人は、同ホテルの防火防災対策が人的にも物的にも不備であることを認識していたのであるから、いったん火災が起これば、発見の遅れ、初期消火の失敗等により本格的な火災に発展し、建物の構造、避難経路等に不案内の宿泊客等に死傷の危険の及ぶ恐れがあることはこれを容易に予見できた」として、ホテル経営者らに業務上過失致死傷罪の成立を認めたものもある（最決平2・11・16刑集44巻8号744頁）。

[1～5節　中空壽雅、6節　平山幹子]

5章　犯罪の成立を妨げる事情

1　犯罪成立阻却事由

> **構成要件に該当する行為＝積極的犯罪成立要件を充足する行為も、例外的な犯罪**
> **成立要件＝犯罪成立阻却事由が存在する場合には、犯罪は成立しない。**

　犯罪成立阻却事由とは、犯罪の成立を妨げる事由を言う。構成要件は、違法
で有責な行為の類型であるから、構成要件に該当する行為は、原則として犯罪
となる。しかし、例外的に特別な事由が存在するために、構成要件に該当しな
がら犯罪が成立しない場合がある。この特別の事由を犯罪成立阻却事由と言
う。犯罪成立の第2の要件である違法性が否定される事由を違法性阻却事由、
第3の要件である責任が否定される事由を責任阻却事由と言う。現行刑法も、
違法性及び責任とはいかなるものかについて、一般的に規定してはおらず、違
法性阻却事由として、正当行為（35条）、正当防衛（36条1項）、緊急避難（37条1

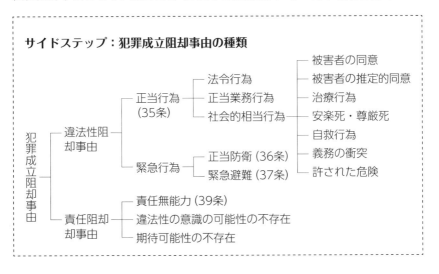

サイドステップ：犯罪成立阻却事由の種類

- 犯罪成立阻却事由
  - 違法性阻却事由
    - 正当行為（35条）
      - 法令行為
      - 正当業務行為
      - 社会的相当行為
        - 被害者の同意
        - 被害者の推定的同意
        - 治療行為
        - 安楽死・尊厳死
        - 自救行為
        - 義務の衝突
        - 許された危険
    - 緊急行為
      - 正当防衛（36条）
      - 緊急避難（37条）
  - 責任阻却事由
    - 責任無能力（39条）
    - 違法性の意識の可能性の不存在
    - 期待可能性の不存在

項)を、責任阻却事由として責任無能力(39条1項)を規定している。

2　正当防衛

構成要件に該当する行為であっても、急迫不正の侵害に対して、自己または他人の法益を防衛するために、必要且つ相当な行為は違法性が阻却され、犯罪は成立しない。

　正当防衛とは、「急迫不正の侵害に対して、自己又は他人の権利を防衛するため、やむを得ずにした行為」を言う(36条1項)。正当防衛行為は「罰しない」とされている。これは、そのような行為は構成要件に該当しても違法性が阻却されて適法な行為になるという趣旨である。

> **事例5-1**　Yが自車に向けて銃を構えているのを見たXが、撃たれるのを防ぐためにYの立っている方向へハンドルを切ってアクセルを踏んでYに自動車を衝突させて、Yに傷害を負わせた。

　事例5-1の場合、Xの行為が殺人未遂罪あるいは暴行罪の構成要件に該当するとしても、Xは、銃を構えるというYの不正な侵害に対して、自分の生命を守るために、自車をYに向けて進行させたのであるから、Yの侵害が「急迫」であり、Xの行為が「やむを得ずにした」と言える限り、違法ではないということになる。

1　正当化根拠

　急迫不正の侵害に対する防衛行為は、なぜ適法とされるのか。正当防衛が違法性を阻却する根拠については、刑法の目的(10章2節2参照)、違法性の本質(12章1節1参照)を巡る見解の対立を反映して、争いがある。刑法の目的は社会秩序の維持にあり、違法性とは社会倫理違反であるとする立場からは、正当防衛の正当化根拠は**法確証の利益**にあるとされる。不正な侵害は法秩序に対する侵害であり、正当防衛は、これに屈することなく法が存在することを確証するために、法自らが必要とする法益侵害行為であることから違法性が阻却されると考えられる。

　これに対して、刑法の目的は法益保護にあり、違法性とは法益侵害（その危険）であるとする立場からは、正当防衛が正当化されるのは、防衛者の**正当な法益が保護される**からであるとされる。不正な侵害者は、自ら利益衝突状況を生じさせたのであるから、要保護性が否定され、その負担において解決が図られるべきであると考えられる。

　この対立は、正当防衛の成立要件・範囲を検討する際に影響を及ぼすことになる。

2　正当防衛の成立要件

(1)　急迫不正の侵害

(a)　急迫性

正当防衛が成立するためには、「急迫不正の侵害」が存在しなければならない。

　急迫性とは、**法益侵害が現に存在しているか、目前に迫っている**ことを意味する。法治国家においては、原則として私人による実力行使は禁止されているにもかかわらず、正当防衛が許されるためには、国家機関の正規の法的手続による保護を求める時間的余裕のない緊急状態にあることが必要になるのである（緊急行為）。従って、既に終了した過去の侵害、今後予測される将来の侵害に対して正当防衛は認められない。復讐や先制攻撃は許されないのである。

事例5-2　Xは、Yと口論になり、殴られそうになったので、いったんは逃げ出したが、仲直りできればと思って戻ってきたところ、Yが殴りかかってきたので、咄嗟に持っていたナイフで切り付け、Yに傷害を負わせた。

事例5-3　暴力団A組のXらは、対立する暴力団B組のYらが襲撃してくるとの情報を得て、攻撃を予期して凶器を準備して、この機会にYらをやっつけてやろうと計画し、Yらが攻撃してきたので、準備していた凶器で暴行を加えて、Yらに傷害を負わせた。

事例5-4　Xは、Yから身に覚えのない因縁をつけられ立腹していたところ、YがXの自宅前に押しかけてきて「出てこい」と呼び出すので、殴られるかもしれないと思い、包丁を携えて出て行ったところ、Yがハンマーで殴りかかってきたので、殺意をもって包丁でYの左胸を突き刺して殺害した。

　なお、**事例5-2**のように、侵害が予期されていたものであるとしても、そのことから直ちに急迫性を失うものではないが（最判昭46・11・16刑集25巻8号996頁）、**事例5-3**のように、予期した侵害の機会を利用して、相手方に対して**積極的に加害する意思**で侵害に臨んだ場合（最決昭52・7・21刑集31巻4号747頁）、また、**事例5-4**のように、侵害を十分予期していながら、侵害者の呼び出しに応じる必要がなく、警察の援助を受けることが容易であったにもかかわらず、凶器を準備した上、侵害者の待つ場所に出向き、威嚇的行動を取ることもないまま対抗行為に及んだ場合など、対抗行為に先行する事情を含めた行為全般の状況に照らして、36条の趣旨に照らし許容されない場合には、急迫性の要件を充たさないとするのが判例である（最決平29・4・26刑集71巻4号275頁）。

　(b)　不正の侵害　　不正な侵害とは、**違法な法益侵害行為**を言う。これは、個人の法益の保護ないし法の確証の利益という正当化根拠から要求される。正当防衛が緊急避難より広く許容されるのは、**「不正対正」の関係**にあるからである。急迫かつ不正な侵害であるために、防衛者は、退避すれば法益を守ることができる場合でも、反撃する権利が認められるのである。侵害は犯罪である必要はなく、可罰的違法性を備えていることも要しない。

　事例5-5　　Xは、飼い犬Aを連れて散歩中、Yの飼い犬Bが犬小屋を逃げ出してAに襲い掛かってきたので、XはBを撲殺した。

　では、**事例5-5**の場合、正当防衛は可能であろうか（**対物防衛**）。無主物であれば、保護獣を除き、これを侵害する行為は構成要件に該当しないから問題とならない。問題となるのは、他人の所有物である動物の侵害の場合である。このうち、動物の侵害が所有者の故意・過失に基づく場合には、所有者の不正な侵害と言えるから、正当防衛が可能である。これに対して、所有者の故意・過失に基づかない場合は、違法性は人の行為についてのみ問題となるから、動物の侵害は不正とは言えず、正当防衛は認められない。したがって、緊急避難の対象となる。但し、民法720条2項は、「他人の物から生じた急迫の危難を避けるためその物を損傷した場合」は、正当防衛と同様に損害賠償責任を負わないとしていることから、正当防衛に準じて違法性が阻却される。

⑵　自己または他人の権利を防衛するため

正当防衛が成立するためには、「自己または他人の法益」を「防衛するため」の行為でなければならない。

　(a)　自己または他人の権利　　正当防衛は、自己の権利を守るためだけでなく、他人の権利を守るために行われる場合にも成立する。ここで言う「権利」とは、法益を意味する。
　(b)　防衛行為

事例5-6　Yが自車に向けて銃を構えているのを見たXが、撃たれるのを防ぐためにYの立っている方向へハンドルを切ってアクセルを踏んでYに自動車を衝突させようとしたが、ハンドル操作を誤り、車がYの近くにいたZに衝突して傷害を負わせた。

　正当防衛は、権利を「防衛するため」の行為でなければならないから、客観的には侵害者に向けられた反撃として行われたことが必要である。従って、防衛のための行為が第三者に向けられるときは、緊急避難の成否が問題となるにとどまる。この関係で問題となるのは、第1に、**防衛行為の結果が第三者に生じた場合**である。例えば、**事例5-6**の場合、正当防衛は成立せず、緊急避難が成立し得るにとどまる。なお、この場合、主観的には正当防衛と認識していることから、誤想防衛とする下級審の裁判例がある（大阪高判平14・9・4判タ1114号293頁）。

事例5-7　Xは、Yが第三者Zの所有する日本刀で切りかかってきたので、防衛のために鉄の棒で反撃したところ、Zの日本刀が折れてしまった。

　第2に、**事例5-7**のように、**侵害者が第三者の物を利用した場合**、第三者Zの日本刀は侵害者Yの不正な侵害行為の一部と言えるから、正当防衛が成立し得る。

> **事例5-8**　Xは、Yがいきなり鉄の棒で殴りかかってきたので、たまたま傍らにあったZの日本刀で反撃したところ、その日本刀が鉄の棒で折られてしまった。

　第3に、**事例5-8**のように、**防衛者が第三者の物を利用する場合**、第三者であるZの法益との関係は正対正であり、Xは侵害者Yの行為から生じる現在の危難を避けるために、危難とは無関係な第三者Zの法益を侵害して自己の法益を保全したと言えるから、緊急避難が成立する。

　(c)　防衛の意思

「防衛するため」というためには、主観的要件として、急迫不正の侵害を認識しつつそれを回避しようとする心理状態という意味での防衛の意思が必要である（最判昭46・11・16刑集25巻8号996頁）。

> **事例5-9**　Xは憎んでいたYを狙って自動車を衝突させようとしたところ、たまたまYもXに拳銃を向けていた。Xはそれを知らずに自動車をYに衝突させて、Yに傷害を負わせた。

　客観的な防衛行為の存在に対応する主観的要素である防衛の意思が存在することによって、侵害に対する反撃行為が正当化されるのである（主観的正当化要素）。従って、**事例5-9**のように、客観的には急迫不正の侵害が存在したが、行為者はそれを認識しておらず、犯罪を実現する意図で攻撃して予定通り結果を惹起し、結果的に防衛することになったという**偶然防衛**の場合は、Xに正当防衛は成立しない（前掲最判昭46・11・16参照）。

　なお、正当防衛行為は、急迫不正の侵害に対する反撃であるから、攻撃意図の存在は防衛意思の存在を否定するものではなく、随伴的に攻撃意思が防衛の意思に併存していても、防衛の意思を欠くものではない（最判昭50・11・28刑集29巻10号983頁）。

(3)　やむを得ずにした行為──防衛行為の相当性

正当防衛が成立するためには、防衛行為が「やむを得ずにした行為」であることが必要である。

事例5-10　Xは、Yが突然Xの左手の中指をつかんでねじ上げたので、これを振りほどこうとして、右手でYの胸のあたりを強く突き飛ばし、Yを仰向けに倒して、その後頭部をたまたま付近に駐車していた自動車の車体に打ち付けさせ、Yに頭部打撲の傷害を負わせた。

「やむを得ずにした」とは、反撃行為が防衛手段として必要なものであり、且つ法益侵害・その危険が最小限度の行為であることを意味する。これを防衛行為の相当性という。

正当防衛は、緊急避難とは異なり、不正対正の関係に基づくものであるから、「正は不正に譲歩しない」のであり、侵害を回避するために他に方法がないこと（補充性）は要求されない。「法は怯懦を要求するものではない」のである。また、防衛行為による侵害法益と保全法益とがある程度均衡していればよく、厳格な法益権衡の原則は適用されない（最判昭44・12・4刑集23巻12号1573頁）。

防衛行為が相当と言えるためには、防衛手段ができるだけ危険でないこと（手段の相当性）と、防衛行為による法益侵害が保全法益とある程度均衡していること（結果の相当性）が必要である。しかし、緊急状態において市民が不正な侵害から身を守るための権利行為として正当防衛が認められていることからすると、安全に法益を守ることができることを前提とすべきであって、結果の不確実さのリスクは防衛者に負担させるべきではなく、不正な侵害者が負担すべきものであろう。従って、相当性は、もっぱら事後的に判断すべきではなく、防衛行為時を基準として判断すべきである（前掲最判昭44・12・4参照）。

従って、相当性は、防衛行為が防衛手段として相当性を有するものであることを意味するのであって、その反撃行為により生じた結果がたまたま侵害されようとした法益よりも大であっても、事例5-10のような反撃行為が正当防衛でなくなるものではない（前掲最判昭44・12・4）。

⑷　自招侵害・喧嘩と正当防衛

（a）　自招侵害

> **防衛者自ら正当防衛状況を招いた場合、防衛行為時点では正当防衛の成立要件を満たしていても、正当防衛の成立が否定される場合がある。**

　自招侵害とは、防衛者自らが侵害者の急迫不正の侵害（正当防衛状況）を招いた場合を言う。自招侵害の場合、自招行為のために急迫性、防衛の意思、防衛行為の相当性の要件を充たさない場合が多いであろう。問題は、防衛行為時点では正当防衛の成立要件を充たしている場合である。この場合でも、正当化根拠から、意図的に自己が支配・統制できるような相手方の侵害を挑発し、意図通りに防衛結果を実現した場合は、なお実質的違法性を有すると言える場合があろう。

> **事例5-11**　XがYに対してYの顔を殴打する暴行を加えて立ち去ったので、Yは後を追ってXの背中を殴打した。驚いたXは、その反撃として護身用に携帯していた特殊警棒でYの顔面を殴打してYに傷害を負わせた。

　判例は、**事例5-11**の場合に、「XはYから攻撃されるに先立ち、Yに対して暴行を加えているのであって、Yの攻撃は、Xの暴行に触発された、その直後における近接した場所での<u>一連、一体の事態</u>ということができ、Xは<u>不正の行為により自ら侵害を招いた</u>ものといえるから、<u>Yの攻撃がXの前記暴行の程度を大きく超えるものでない</u>などの本件の事実関係の下においては、Xの本件傷害行為は、Xにおいて何らかの<u>反撃行為に出ることが正当とされる状況における行為とはいえない</u>」として、正当防衛の成立を否定している（最決平20・5・20刑集62巻6号1786頁）。

（b）　喧嘩闘争

自招侵害と類似した状況として、喧嘩闘争がある。喧嘩闘争は、**闘争者双方が攻撃・防御を繰り返す一連の闘争行為**であるから、闘争のある瞬間においては一方がもっぱら防御に終始し、正当防衛を行うようにみえても、闘争の全般から見て防衛行為と認めることは困難な場合が多いであろう。しかし、喧嘩であることを理由に一律に正当防衛の成立を否定すべきではなく、素手の喧嘩闘争中に一方が凶器を用いて攻撃してきた場合のように、状

況によっては正当防衛が成立する余地はある（最判昭32・1・22刑集11巻1号31頁）。

3　過剰防衛

> **過剰防衛とは、正当防衛の他の要件は充たしているが、防衛行為の相当性の要件を欠く（防衛の程度を超えた）反撃行為を行った場合を言う。**

　過剰防衛の場合、情状により、その刑を減軽または免除することができる（36条2項）。

　(1)　**質的過剰と量的過剰**　　過剰防衛には、防衛行為の必要性・相当性の程度を超える**質的過剰**と、当初は防衛の程度の範囲内にある反撃であったが、相手方が侵害を止めたにもかかわらず、引き続き追撃する**量的過剰**とがある。

　例えば、素手で殴りかかってきた者に対してナイフで刺した場合が前者であり、殴りかかってきた者に対して一撃を加えたところ、相手は倒れたが、なおも殴り続けて死亡させた場合が後者である。

　事例5-12　Xは、Yがアルミ製灰皿をXに向けて投げつけたので、Yの顔を殴打した（第1暴行）。これによりYは転倒し後頭部を地面に打ち付け動かなくなった。それにもかかわらず、Xは、憤激のあまり意識を失って倒れているYに対して、その状況を認識しながら暴行を加え、Yに傷害を負わせた（第2暴行）。Yは第1暴行が原因で死亡した。

　事例5-13　Xは、Yが折り畳み机を持ち上げてXに向けてひっくり返すように押し倒したので、両手でこの机を受け止めた後、Yに向かって押し返し、Yは指を負傷した（第1暴行）。Xは、これにより反撃が困難な状況になったYの顔面を手拳で数回殴打して（第2暴行）、Yに中指腱断裂等の傷害を負わせた。

　量的過剰の場合、**事例5-12**のように、侵害が終了した後に防衛の意思なく追撃した場合は、当初は正当防衛であり、侵害終了以降は一方的な攻撃行為であって過剰防衛にもならない（最決平20・6・25刑集62巻6号1859頁）。これに対して、**事例5-13**のように、**侵害の継続性、反撃行為と追撃行為の時間的場所的連続性・一連一体性**が肯定され、**同一の防衛意思に基づく**場合は、前後に分断せず、全体を一連の防衛行為として過剰防衛の成立が認められる（最判昭34・2・5

刑集13巻1号1頁、最決平21・2・24刑集63巻2号1頁）。

(2) **故意の過剰と過失の過剰**　　過剰防衛の典型は、正当防衛状況があり、過剰性の基礎となる事実を認識して行為する場合、例えば、素手による暴行に対してナイフで反撃することを認識していた場合である。これを**故意の過剰防衛**という場合がある。これに対して、過剰性の基礎となる事実の認識がない場合、例えば、木刀による暴行に対して棒で反撃したつもりが、それは斧であった場合である。これを**過失の過剰防衛**と言う。過失の過剰防衛の場合、通説・判例は、主観的には正当防衛であり、誤想防衛として故意を阻却し、過失犯が成立し得るにとどまるとする。

(3) **刑の減免根拠**　　過剰防衛の場合、急迫不正の侵害に対する防衛行為により正当な利益が保全されたという防衛効果が生じたことは否定できないから、この点で違法性が減少すると言える。また、急迫不正の侵害に直面するという緊急状態においては、恐怖、狼狽等による心理的動揺からの行き過ぎについて防衛行為者を強く非難することはできないから、この点で責任が減少すると言える。従って、刑の減免根拠は、**違法性及び責任が減少する**点に求められる。

4　誤想防衛

誤想防衛は、事実の錯誤として（責任）故意を阻却する。

> **事例5-14**　Xは、望遠鏡でこちらを見ていたVを銃を構えていると誤信して、Vに自動車を衝突させて傷害を負わせた。

　誤想防衛とは、**事例5-14**のように、正当防衛の要件に当たる事実がないのに、その事実が存在すると誤想して行われる反撃行為を言い、**違法性阻却事由の錯誤**（本章8節2(1)(c)参照）の一種である。通説・判例は、違法な事実の認識がなければ規範の問題に直面せず、反対動機を形成することはできないから、故意には構成要件に該当する違法な事実の認識が必要であるとして、誤想防衛は**事実の錯誤として故意を阻却する**とする。

5　誤想過剰防衛

> **事例5-15**　酩酊しているAをBがなだめて帰宅させようとしているのを目撃したXが、一方的にBがAに暴行を加えていると誤信し、Aを救助するためにBに自動車を衝突させて死亡させた。

　誤想過剰防衛とは、**事例5-15**のように、急迫不正の侵害がないのにあると誤信して反撃したが、その誤信した侵害に対する防衛としては過剰であった場合を言う。この場合、通説・判例によれば、**過剰性を基礎づける事実の認識がある場合**には、主観的には過剰防衛であるから故意を阻却せず、故意犯が成立する。これに対して、**過剰性を基礎づける事実の認識がない場合**には、主観的には正当防衛であるから故意を阻却し、過失の過剰防衛として過失犯が成立し得るにとどまる。また、過剰防衛に類似した心理状態であることから、36条2項の適用ないし準用が認められるとされる。

3　緊急避難

緊急避難とは、「自己又は他人の生命・身体・自由・財産に対する現在の危難を避けるため、やむを得ずにした行為」を言う（37条1項）。

> **事例5-16**　Xは、対向車がセンターラインを超えて自車との正面衝突コースに進入してきたため、とっさに左方にハンドルを切ったことによってVに自車を衝突させて傷害を負わせた。

　緊急避難は、「これによって生じた害が避けようとした害の程度を超えなかった場合に限り、罰しない」とされている。これは、そのような行為は、構成要件に該当しても違法性が阻却されて適法な行為になるとする趣旨である。**事例5-16**の場合、Xの行為が傷害罪や過失運転致傷罪の構成要件に該当するとしても、対向車が正面衝突コースに侵入してきたという自己の生命・身体に対する危難を避けるために、第三者であるVに自車を衝突させたのであるから、危難が「現在」のものであり、Xの行為が「やむを得ずした」もので、これ

によって生じた害が避けようとした害の程度を超えない限り、違法ではないということになるのである。

　緊急避難は、危険が差し迫っている法益を救うために特に許された**緊急行為**であるという点で、正当防衛と共通した性格を有する。しかし、正当防衛が「不正対正」の関係であるのに対して、緊急避難は、現在の危難を避けるために、元来危難の発生原因とは無関係な第三者の法益を侵害する行為であり、いわば「**正対正**」の関係にある点で正当防衛とは異なる。これが、緊急避難の成立要件が正当防衛より厳格であることに反映されることになる。

1　不処罰の根拠

　緊急避難が不処罰とされる根拠については、学説の対立があるが、第1に、刑法が他人の法益に対する緊急避難を認めていること、第2に、法益権衡の要件を定めていること、第3に、緊急避難が違法であるとすると、これに対しては正当防衛が可能となり、この場合法益権衡は要件とならないことになるが、これは妥当でないことから、正当防衛と同様に**違法性阻却事由**とされている。

2　緊急避難の成立要件

(1)　現在の危難

(a)　危難の対象

危難の対象は、「自己又は他人の生命、身体、自由又は財産」に限られない。

　37条1項は、危難の対象を、「自己又は他人の生命、身体、自由又は財産」と

サイドステップ：カルネアデスの板

　ギリシャの哲学者であるカルネアデスが作った説例と言われている。船が難破して、乗組員全員が海に投げ出され、Aが流れてきた板につかまっていたところ、Bが同じ板につかまろうとした。板は1人が浮かぶのがやっとで、無理に2人がつかまれば板は沈んでしまう。そこで、Aは自分が助かるためにBを蹴り落とし、自分だけが板につかまって救助された。Aの行為は違法と言えるだろうか。

規定しているが、これは保全法益を限定するものではないと解されている。緊急避難の趣旨から見て、正当防衛と異なり、名誉などの法益を除外する理由はないからである。

　(b)　現在の危難

危難の原因は不正なものである必要はない。

　「現在」とは、正当防衛における「急迫」と同様に、**法益侵害の危険が現に存在しているか、あるいは侵害の危険が切迫していること**を言う。「危難」とは、法益侵害または侵害の危険がある状態を言う。危難は、正当防衛における「侵害」とは異なり、**危険の原因が不正なものであることは要件とされていない**から、人の違法行為はもとより、適法行為、自然現象、動物による侵害なども含まれる。

　(2)　危難を避けるため

　(a)　避難行為

緊急避難は、法益に対する現在の危難を避けるための行為でなければならない。

　緊急避難は、法益に対する「危難を避けるため」の行為でなければならないから、客観的には避難行為が法益の保全に役に立つことが必要である。

　(b)　避難の意思

緊急避難が成立するためには、避難の意思が必要である。

　「危難を避けるため」と言うためには、正当防衛と同様に、主観的要件として、**現在の危難を認識しつつそれを回避しようとする心理状態**という意味での避難の意思が必要である。

　(3)　やむを得ずにした行為──避難行為の相当性

緊急避難が成立するためには、正当防衛とは異なり、補充性と法益権衡が必要である。

　違法な侵害に対する反撃である正当防衛とは異なり、緊急避難は、「正」である他人を犠牲にして危難を避けるものであり、「正対正」の関係にあるとこ

ろから、緊急避難の相当性は、正当防衛の相当性より厳格に理解されている。即ち、相当性が認められるためには、第1に、「やむを得ずした」ものでなければならない。第2に、「これによって生じた害」が、避難行為により「避けようとした害の程度を超えなかった」ことが要求される。

　(a)　補充性

> **事例5-17**　子供を誘拐された父親Xは、犯人から「子供を殺されたくなかったら、強盗をして来い」と命じられ、言われたとおりにする以外に子供を守る手段はないと思い、やむなく強盗を行った。

　緊急避難の場合は、危険を転嫁される者には本来それを甘受すべき理由はないのであるから、避難行為が「やむを得ずにした」と言えるためには、正当防衛とは異なり、**危難を避けるためには当該避難行為を行うことが唯一の方法であって、それ以外に他に方法がないことが必要である。**これを補充の原則と言う。**事例5-17のような強要による緊急避難**の場合、犯罪に加担するものとして、緊急避難の成立を否定する見解もあるが、正当防衛に出るなど他の手段に出ることができず、命じられたとおりに犯罪を行うほかはないというように、補充性の要件を充たす限り、緊急避難の成立を認めてよい（東京高判平24・12・18判時2212号123頁参照）。

　(b)　法益権衡

> **事例5-18**　Xは、狩猟目的で猟犬（80万円相当）を伴い道路に差し掛かったところ、V所有の土佐犬（20万円相当）がXの猟犬にかみついたため、Vに制止を求めたが、Vがこれに応じなかったので、猟銃で土佐犬を狙撃して、土佐犬に傷害を負わせた。

　緊急避難が成立するためには、避難行為により生じた害が避けようとした害の程度を超えなかったことが必要である。「これによって生じた害」とは、避難行為によって生じた法益侵害結果（侵害法益）を言う。「避けようとした害」とは、避難行為によって救われた法益（保全法益）を言う。「程度を超えなかった」とは、**侵害法益と保全法益とを比較して、客観的に見て、前者の価値が後者の価値と同等以下であることを言う。**これは、侵害法益と同価値以上の法益が

保全されて、初めて侵害を転嫁して第三者の利益を犠牲にすることが許される
とする趣旨に基づくものである。侵害法益と保全法益の比較に際して、法益が
同種の場合には、その量の大小が基準となる。**事例 5−18**の場合、判例は法益
権衡を認めた（大判昭12・11・6裁判例(11)刑87頁）。異種の法益の場合には、一般
的な基準を示すことは困難であり、具体的事例ごとに実質的に判断せざるを得
ない。

　(4)　**自招危難**　　自招危難とは、避難者自らが現在の危難（緊急避難状況）を招
いた場合を言う。自招危難の場合、自招侵害と同様に考えることができよう。
即ち、自招行為のために現在性、避難の意思、避難行為の相当性の要件を充た
さない場合が多いであろう。問題は、避難行為時点では緊急避難の成立要件を
充たしている場合である。この場合でも、正当化根拠から、意図的に自己が支
配・統制できるような危難を招来し、意図通りに避難結果を実現した場合は、
なお実質的違法性を有すると言える場合があろう。

　(5)　**業務上特別義務者**　　正当防衛と異なり、「業務上特別の義務がある者」
には緊急避難の規定は適用されない（37条2項）。「業務上特別の義務がある者」
とは、警察官、自衛官、消防職員等のように、その業務の性質上危険に対処し
なければならない義務がある者を言う。業務上特別義務者に緊急避難が許され
るとすれば、特別の義務が課されている意味が失われてしまうから、緊急避難
は許されないとする趣旨に基づくものである。従って、特別の義務と無関係な
自己または他人の危難については、当然、緊急避難は許される。

3　過剰避難

　過剰避難とは、緊急避難の他の要件は充たしているが、**避難行為の相当性**
（補充性、法益権衡）の要件を欠く避難行為を行った場合を言う。この場合、情状
により、その刑を減軽または免除することができる（37条1項但書）。

　過剰防衛と同様に、過剰避難の場合も、現在の危難に対する避難行為により
正当な利益が保全されたという避難効果が生じたことは否定できないから、こ
の点で違法性が減少すると言える。また、現在の危難に直面するという緊急状
態においては、恐怖、狼狽等による心理的動揺からの行き過ぎについて避難行
為者を強く非難できないから、この点で責任が減少すると言える。従って、刑

の減免根拠は、**違法性及び責任が減少する**点に求められる。

4 誤想避難・誤想過剰避難

　誤想避難とは、緊急避難の要件に当たる事実がないのに、その事実が存在すると誤想して行われる避難行為を言い、**違法性阻却事由の錯誤**（本章8節2(1)(c)参照）の一種である。この場合、誤想防衛と同様に、通説・判例は、違法な事実の認識がなければ規範の問題に直面せず、反対動機を形成することはできないから、故意には構成要件に該当する違法な事実の認識が必要であるとして、**誤想避難は事実の錯誤として故意を阻却する**とする。

　誤想過剰避難とは、**現在の危難がないのにあると誤信して避難行為に出たが、その誤信した危難に対する避難行為としては過剰であった場合**を言う。この場合も、誤想過剰防衛と同様に、通説、判例によれば、**過剰性を基礎づける事実の認識がある場合**には、主観的には過剰避難であるから故意を阻却せず、故意犯が成立する。これに対して、**過剰性を基礎づける事実の認識がない場合**には、主観的には緊急避難であるから故意を阻却し、過失の過剰避難として過失犯が成立し得るにとどまる。また、過剰避難に類似した心理状態であることから、37条1項但書の適用ないし準用が認められるとされる。

4 正当防衛・緊急避難以外の違法性阻却事由

1 正当行為

(1) 35条の意義

刑法35条は、正当行為が違法性を阻却することを明らかにした規定である。

　35条は、「法令又は正当な業務による行為は、罰しない。」と規定している。これは、形式的には、法令行為及び正当業務行為の不処罰を規定したものであるが、実質的には、正当防衛及び緊急避難以外の違法性阻却事由を規定したものである。法令行為および正当業務行為が正当行為として違法性が阻却される根拠は、法令や業務という点にあるのではなく、正当な行為であるために実質的に違法とされない点にある。また、違法性判断は本来個別的・実質的・非類型的判

断であるから、全ての違法性阻却事由を条文化することはできない。従って、35条は、正当防衛、緊急避難の他に**一般的正当行為として違法性が阻却される場合を包括的に規定したもの**と解すべきである。これにより、本質的に超法規的である違法性阻却事由に法律上の根拠が与えられることになる。

(2)　**法令行為・正当業務行為以外の正当行為**　35条の「正当な業務による行為」は、正当行為の違法性阻却を定めた規定であると解すべきであるから、35条は、法令行為・正当業務行為と併せて、それ以外の正当行為を違法性阻却事由とすることを明らかにしたものと言える。そのような正当行為としては、被害者の同意、推定的同意、治療行為、安楽死、尊厳死、自救行為、義務の衝突、許された危険などがある。

2　被害者の同意

法益主体である個人が自己に帰属する法益を放棄している場合には、犯罪の成立が否定される。

　被害者の同意とは、**法益主体である被害者が自己の法益を放棄し、その侵害に同意する**ことを言う。個人の自己決定を尊重する個人主義社会においては、原則として法益主体である個人が**自己に帰属する法益を自らの意思によって処分する自由**が保障されている。従って、法益主体である個人が自己に帰属する法益を放棄している場合には、刑法は、その意思に反してまで保護する必要はないために、犯罪の成立が否定される。

(1)　**諸類型**　被害者の同意の効果については、次のような類型に分けることができる。第1に、住居侵入罪（130条）や窃盗罪（235条）のように、被害者の意思に反することが構成要件要素になっている場合は、被害者の同意により法益の存在が否定され、**構成要件該当性が否定される**。第2に、13歳未満の者に対する強制わいせつ罪・強制性交等罪（176条後段・177条後段）や未成年者拐取罪（224条）のように、構成要件上被害者の同意の有無が問われない場合は、被害者の同意は**犯罪の成否に影響を与えない**。第3に、同意殺人罪（202条後段）や同意堕胎罪（213条）のように、被害者の同意が構成要件要素になっている場合は、被害者の同意は類型的に**違法性を減少させる**ものとして、軽い法定刑が

定められている。第4に、傷害罪（204条）の場合は、被害者の同意により法益の要保護性が否定され、**違法性が阻却される**。

(2)　**不処罰の根拠**　　被害者の同意が違法性を阻却する根拠については、結果無価値論と行為無価値論の対立を反映して争いがあるが、違法二元論においても、法益侵害不可欠の原則及び個人の自己決定権の尊重の見地からは、個人法益に対する罪について、法益主体である個人が同意により処分可能な法益を放棄している以上、**保護すべき法益が存在しない**、あるいは存在する**法益の要保護性が否定される**点に求められる。法益性が否定される場合には構成要件該当性が否定され、存在する法益の要保護性が否定される場合には違法性が阻却されることになる。

(3)　**被害者の同意の要件**

(a)　処分可能な法益

> **被害者の同意が違法性を阻却するためには、同意が法益主体が処分可能な個人法益に関するものであることが必要である。**

事例5-19　Xは、Yと共謀して、自動車事故を装って保険金を詐取しようと企て、Yの同意を得て、自分の運転する自動車をYが運転する自動車に追突させて、Yに傷害を負わせた。

不処罰根拠から、被害者の同意が違法性を阻却するためには、同意が**法益主体が処分可能な個人法益**に関するものであることが必要である。但し、個人が処分可能な法益に関する同意であれば常に違法性が阻却されるわけではない。例えば、**事例5-19**のような場合はどうであろうか。身体の安全は個人が処分可能な法益であるから、詐欺目的であるという理由だけで違法阻却を否定することは（最決昭55・11・13刑集34巻6号396頁参照）妥当でないが、同意殺人（未遂）罪が処罰されている（202条・203条）こと、生命保護の重要性から、**生命に危険を生じさせる程度・態様の重大な傷害についてまで法益の自由処分は許されない**ことなどから、同意傷害は、生命に危険な傷害でない限りで違法性が阻却されると解すべきである。

（b）　有効な同意

被害者の同意が違法性を阻却するためには、同意が有効であることが必要である。

> 事例5–20　Xは、Vが癌に罹患していたが、医者から全治する可能性が高い
> ことを知らされていたにもかかわらず、Vに余命は長くないと伝え、Vから、
> それなら安楽に死にたいからと、毒薬の購入を依頼され、購入した毒薬をVに
> 渡した。Vはその毒薬を摂取して死亡した。

　被害者の同意が違法性を阻却するためには、同意が有効であること、即ち**処分権を有し同意能力を有する者の真意に基づく同意**であることが必要である。従って、幼児や意思能力のない精神障害者の同意は同意能力を欠く者の同意として無効であり、強制による同意や戯れにした同意は真意に基づく同意でないとして無効である。

　錯誤に基づく同意については、同意は自己の法益を処分する意思を言うから、法益侵害の発生を正しく認識して、それに対して同意している場合には、侵害の対象となった法益性は失われたのであって、同意は有効であるとの見解（**法益関係錯誤説**）も有力である。しかし、同意が有効であるためには、同意が**自由な意思決定**に基づいてなされたことが重要であるから、**事例5–20**のように、直接法益に関連する事情ばかりでなく、意思決定に与える影響が大きく、真実を知らされていなかったために意思決定が真意に沿わない場合は、十分な情報が与えられた上での自由な意思決定とは言えず、同意は無効と解すべきである（最判昭33・11・21刑集12巻15号3519頁参照）。

　（c）　同意の対象

自由な意思決定に基づく同意と言うためには、法益放棄の判断をするにあたって、意思決定に与える影響が大きい重要な事情を認識することが必要である。

　何が重要な事情かは、法益放棄の判断にあたって、被害者はどのような事情に関心を払うかという点から決せられるべきであり、この観点から、**具体的な侵害結果、及び侵害方法、法益によっては処分の相手方等の行為態様**が同意の対象となる。

　なお、法益侵害の危険のある行為に同意している場合、例えば、酩酊している友人が運転する自動車に同乗することに同意している場合は、危険な行為の同意はあるが、具体的結果について同意はないのであるから、被害者の同意の問題ではない。これは、**危険の引き受け**として、正当業務行為等の別個の違法性阻却事由が問題となる（千葉地判平7・12・13判時1565号144頁参照）。

　(d)　同意の方法　　被害者の同意が違法性を阻却するためには、**自由な自己決定に基づく法益の放棄**があればよいから、同意は外部に表示される必要はなく、法益主体の内心において同意が存在すれば足りる。

　(e)　同意の存在時期

同意は実行行為時に存在することが必要である。

　被害者の法益の放棄が違法性を阻却する根拠であるとすると、侵害時点の同意により法益性が欠如するから、同意は結果発生時に同意が存在すればよいとも考えられるが、法益侵害結果のみならず行為も同意の対象であるから、同意は**実行行為時**に存在することが必要である。従って、実行行為後の同意は無効であり、事前の同意は実行行為まで継続している場合に有効となる。

　(f)　同意の認識

行為者は、被害者の同意の存在を認識している必要はない。

　被害者の同意が違法性を阻却するためには、行為者は同意の存在を認識して行為することが必要であろうか。行為無価値論からは、違法性阻却事由に当たる事実を認識することは主観的正当化要素であり、その認識がなければ社会的相当とは言えないとも主張される。しかし、違法二元論においても、被害者の同意の違法阻却の根拠は法益侵害ないし法益の要保護性の不存在に求められる。従って、同意がある以上、被害者に保護すべき利益は存在しないのであるから、行為者は被害者の同意の存在を認識している必要はない。

　そうすると、同意が存在するのに存在しないと誤信した場合でも、同意が存在する以上、法益侵害結果は存在しないから、少なくとも既遂は成立しない。不可罰となるか未遂となるかは、結果発生の危険性が認められるか否かによる。

5　責任無能力

1　責任能力の意義

　構成要件に該当する違法な行為をした行為者に対して法的な非難を加えるためには、行為者が自己の行為が違法であることを理解することができ、その理解に従って行為を思い止まることができたのでなければならない。責任能力は、このような責任非難が認められるための前提として、**刑法上の責任を負担し得る人格的能力**である。その内容は、自己の行為の違法性を理解し（**弁識能力**）、それに従って自己の行為を制御する能力（**制御能力**）を言う。このような能力を有する者に対してのみ、適法行為を期待することが可能であり、責任非難を加えることができるからである。

　39条1項は、「**心神喪失者の行為は、罰しない。**」と規定している。これは、精神の障害に基づいて、**弁識能力あるいは制御能力が失われた場合**には責任を阻却するという意味である。また、41条は、「14歳に満たない者の行為は、罰しない。」と規定している。これは、14歳未満であること（**刑事未成年**）であることを理由に、一律に責任能力がないものとみなすことを意味する。

サイドステップ：行為能力・犯罪能力・受刑能力・訴訟能力

　行為能力とは、刑法上の行為をなし得る能力を言う。従って、責任能力を欠く場合でも、行為能力は認められるのが通常である。

　犯罪能力とは、犯罪の主体となり得る能力を言う。自然人は犯罪能力を有するが、責任能力を有するとは限らない。

　受刑能力とは、刑法の執行に適する能力を言い（刑訴479条・480条）、刑の執行の時点で要求されるものであるから、責任能力と直接の関係はない。

　訴訟能力とは、訴訟行為を有効になし得る能力を言い（刑訴314条）、各訴訟行為を行う時点で要求されるものであり、内容的にも責任能力とは関係はない。

2　責任無能力・限定責任能力

> **責任無能力とは、精神の障害により責任能力が失われた場合、即ち弁識能力、制御能力の少なくとも1つが失われている場合を言う。**

　39条1項は、責任無能力者を「**心神喪失者**」と規定する。**限定責任能力**とは、**精神の障害により**、**責任能力が**「**著しく**」**減少している場合**、即ち弁識能力、制御能力の少なくとも1つが著しく減少している場合を言う。39条2項は、限定責任能力者を「**心神耗弱者**」と規定する。

　責任無能力・限定責任能力が認められるためには、弁識能力・制御能力の喪失・著しい減少が精神障害に基づいて生じたのでなければならない。従って、責任能力の欠如・著しい減少が精神障害に基づかない場合は、責任能力の問題ではないことになる。

3　法律効果

　責任無能力の場合、その行為は責任が阻却されて処罰されない（39条1項）。限定責任能力の場合、その行為は責任が減少して必要的に刑が減軽される。（39条2項）。但し、殺人、放火、強盗、強制性交、強制わいせつ、傷害等の行為を行った者が、心神喪失・心神耗弱による不起訴・起訴猶予、無罪となった場合、裁判所は、他害行為を行った際の精神障害を改善し、同様の行為を行うことなく、社会に復帰することを促進するため、入院または通院させて医療を受けさせる必要があると認める場合には、検察官の申し立てにより、指定医療機関に入院または通院させる決定をする（心神喪失等の状態で重大な他害行為を行った者の医療及び観察等に関する法律〔以下、医療観察法〕2条、42条）。この意味で、責任能力判断は、医療観察法による強制入院・通院治療の前提要件とも言える。

　また、検察官は、この申し立てを行わない場合には、都道府県知事に通報しなければならず、通報を受けた知事は、精神保健指定医の診察を受けさせた上、「その診察を受けた者が精神障害者であり、かつ、医療及び保護のために入院させなければその精神障害のために自身を傷つけ又は他人に害を及ぼすおそれがあると認めたときは、その者を国等の設置した精神病院又は指定病院に

入院させることができる」（精神保健及び精神障害者福祉に関する法律29条1項）。これを措置入院という。

4　心神喪失・心神耗弱

(1)　**意義と内容**　　心神喪失とは、精神の障害により、自己の行為の違法性を弁識する能力、またはその弁識に従って自己の行為を制御する能力が全くないこと（責任無能力）を言う。心神耗弱とは、精神の障害により、自己の行為の違法性を弁識する能力、またはその弁識に従って自己の行為を制御する能力を著しく減少していること（限定責任能力）を言う。「著しく」減少していることが要求されるのは、責任能力の減少は段階的なものであるので、限定責任能力の範囲を広げ過ぎないようにするためであり、また、人格障害につき心神耗弱を認めることがないようにするためである。

このように、責任能力は、精神の障害という生物学的要素のみを基礎とする（**生物学的方法**）のではなく、また、弁識能力・制御能力という心理学的要素のみを基礎とする（**心理学的方法**）のでもなく、精神の障害という生物学的要素と、弁識能力・制御能力という心理学的要素から成り立っている（**混合的方法**）。

(2)　**精神の障害**　　精神の障害は、刑法の立場から39条の適用範囲を画するための概念であるから、必ずしも精神医学的意味での病気（医学的病気概念）である必要はなく、弁識・制御能力を失わせ、あるいは著しく減少させるものであれば、正常人に生じる情動状態や異常人格・性格的な偏りについても、39条が適用される可能性がある（**法律的病気概念**）。また、統合失調症のように、宿命的な病気の場合だけでなく、飲酒酩酊のように、一時的な病的状態も精神の障害に含まれる（但し、後述の原因において自由な行為→本節6参照）。

精神障害は、統合失調症などの**狭義の精神病**、病的酩酊などの**意識障害**、その他の障害に分類される。統合失調症の場合は、病気が重いか、幻覚・妄想などの病気に直接支配されていた場合には、心神喪失、そうでない場合には心神耗弱が認められる傾向がある。飲酒酩酊の場合は、病的酩酊は心神喪失、複雑酩酊は心神耗弱、単純酩酊は完全責任能力が認められる。覚醒剤中毒の場合は、症状の程度や人格への支配の程度から見て、完全責任能力あるいは心神耗弱が認められる傾向がある。このように、精神の障害は、病気の種類ごとに弁

識・制御能力を類型的・安定的に判断することを可能にするための基盤を提供するとも言える。

(3) 弁識能力・制御能力

弁識能力とは、自己の行為の違法性を理解する能力を言い、制御能力とは、その理解に従って自己の行為をコントロールする能力を言う。

弁識能力は認識的側面を反映する能力であり、制御能力は意思的・情緒的側面を反映する能力とも言える。制御能力については、その有無・程度を判断することは困難であること、また、人格障害者は制御能力に問題があることが多く、責任無能力、限定責任能力とせざるを得なくなることから、制御能力を重視すべきではないとする主張もある。しかし、制御能力を欠く場合には責任非難を加えることはできない。また、人間の行動は人格における知・情・意の相互作用として現われるのであるから、意思的・情緒的側面を反映する制御能力を無視したのでは、人格的能力としての責任能力を正しく把握するものとは言えないであろう。

(4) **一部責任能力** 一部責任能力とは、一部の犯罪についてのみ責任能力があることを言う。例えば、覚せい剤中毒患者は、覚せい剤の自己使用については完全責任能力が認められるが、その他の犯罪については責任無能力が認められるであろうか。この点は、責任能力を個々の行為について責任を問うための要素であると考えると(**責任要素説**)、肯定されることになる。これに対して、責任能力を責任の前提となる一般的な人格的能力であると考えると(**責任前提説**)、人格の統一性、精神障害が人格全体に及ぼす影響などの理由から、一部責任能力は否定されることになる。

(5) 心神喪失・心神耗弱の認定方法

責任能力判断は、最終的には裁判所が判断すべき事項である。

心神喪失・心神耗弱は、精神医学上の概念ではなく**法律上の概念**であり、犯罪の成否、刑の減軽、更には強制入院・通院治療の対象者の選択という法的判断でもあるから、精神障害の有無・程度、弁識能力の有無・程度、制御能力の有無・程度は、いずれも**最終的には裁判所が判断すべき事項**である(最決昭58・

9・13判時1100号156頁）。従って、専門家の鑑定によることなく、他の証拠によって判断しても差し支えないし、また、鑑定を実施した場合であっても、鑑定の結論を採用せず、裁判所が独自の立場から、他の証拠によって鑑定とは異なった結論を導き出してもよいとされている。

　もっとも、精神障害の有無・程度は、極めて専門的な判断であり、最高裁も、「生物学的要素である精神障害の有無及び程度並びにこれが心理学的要素に与えた影響の有無及び程度については、その診断が臨床精神医学の本分であることにかんがみれば、専門家たる精神医学者の意見が鑑定等として証拠となっている場合には、鑑定人の公正さや能力に疑いが生じたり、鑑定の前提条件に問題があったりするなど、これを採用し得ない合理的な事情が認められるのでない限り、その意見を十分に尊重して認定すべきものというべきである」（最判平20・4・25刑集62巻5号1559頁）。としている。十分な合理的理由もないのに鑑定結果を採用しないのは妥当でないであろう。そのように言える限り、裁判所は、特定の精神鑑定の意見の一部を採用した場合においても、責任能力の有無・程度について、当該意見の他の部分に事実上拘束されることなく、総合的に判定することができる（最決平21・12・8刑集63巻11号2829頁）。

5　刑事未成年

　満14歳を**刑事責任年齢**と言い、14歳未満の者を刑事未成年と言う。刑事未成年者は一律に責任無能力とされる。少年は精神の発育途上にあり、特殊な精神状態を呈することがあるために、一般的に弁識能力や制御能力に問題があることが多いからである。また、仮に実質的には弁識能力・制御能力を備えていたとしても、人格の可塑性から見て、刑罰を科すことは妥当でないとする刑事政策的配慮も背景にはある。

　更に、**少年法**は、20歳未満の者を少年とし（2条）、少年に対しては、死刑・拘禁刑に当たる罪についてのみ刑事処分が許される（20条）、行為時に18歳未満であった場合には、死刑に処すべきときは無期刑を科し、無期刑に処すべきときでも10年以上20年以下の拘禁刑を科すことができる（51条）、長期15年、短期10年を超えない範囲で相対的不定期刑を認める（52条）などの特例を設けている。

6　原因において自由な行為

(1)　意　義

> みずから精神障害を招き、責任無能力（限定責任能力）状態で犯罪結果を実現した場合は、完全な責任を問うことができる。

> **事例 5 -21**　Xは、自動車で居酒屋に向かい、自動車を運転して帰るつもりで多量に飲酒し、病的ないし複雑酩酊状態のために正常な運転ができない状態で自動車を運転していて通行人をはねて死亡させた。通行人をはねたときにはXは責任無能力ないし限定責任能力であった。

　責任能力は、自分が行おうとする行為の違法性を弁識し、その弁識に従って自己の行為を制御する能力であるから、原則として実行行為のときに存在しなければならない（行為と責任能力の同時存在の原則）。では、事例 5 -21の場合、責任が阻却ないし減軽されると考えるべきであろうか。

　原因において自由な行為の理論とは、みずから精神障害を招き、責任無能力または限定責任能力状態で犯罪結果を惹起した場合には、その結果について完全な責任を問うことができるとする理論を言う。精神障害を招く行為を原因行為と言い、責任無能力・限定責任能力状態で行われる構成要件に該当する違法な行為を結果行為と言う。原因において自由な行為の理論は、結果行為時には完全責任能力ではないが、原因行為時には完全な責任能力があり、自由な意思決定ができたことを理由に、39条の適用を排除しようとするのである。

　(2)　**原因において自由な行為と責任主義**　　責任能力が必要とされる根拠は、犯罪的結果を責任能力のある状態での自由な意思決定に基づいて実現する場合に初めて非難が可能であるという点にある。従って、原因行為が自由な意思決定に基づいており、その意思決定の実現として結果行為が行われたのであれば、結果行為は責任能力状態での意思決定の実現過程にほかならないから、原因行為時の意思決定が結果行為において実現している場合には完全な責任を問うことができるとすることは、責任主義に反するものではない。

(3)　適用範囲

　(a)　故意犯

> **事例 5 -22**　Xは、Vを殺すことを決意し、勢いをつけるために飲酒し、病的
> 酩酊状態に陥った後、殺意をもってVの胸部をナイフで切り付け、Vを死亡さ
> せた。刺突行為時、Xは心神喪失状態であった。

　故意犯において、結果行為が完全な責任能力のある原因行為時になされた自
由な意思決定の実現過程と言えるためには、まず、結果行為が構成要件に該当
し違法であることが前提であるから、**結果行為時に構成要件的故意が存在しな**
ければならない。次に、原因行為について認識があり、**原因行為時に故意があ**
り、その故意が結果行為にまで連続していること、即ち原因行為時と同様の故
意が存在していることが必要である。**事例 5 -22**の場合、殺人罪が成立する。
従って、原因行為の故意と異なる結果を生じさせた場合には、結果行為につい
て故意犯の成立を認めることはできない。

　(b)　過失犯

> **事例 5 -23**　Xは、酒を飲むと暴力をふるう性癖があることを自覚していた
> が、今日はそれほど飲まないから大丈夫だと思い、飲酒し病的酩酊に陥り心神
> 喪失となって、Vに暴行を加えて傷害を負わせた。

　過失犯においても同様に、まず、原因行為時に、自己が精神障害の状態で犯
罪的結果を惹起する可能性があることを予見できたのに予見しなかったという
不注意が存在することが必要であり、次に、その結果として結果行為としての
過失犯の実行行為が行われこと、即ち**原因行為と結果行為との間に過失の連続**
性が認められることが必要である。**事例 5 -23**の場合、過失傷害罪が成立する。
　もっとも、過失犯の場合は、原因行為時に、責任無能力状態に陥り結果行為
により犯罪的結果を惹起することを予見し回避すべき注意義務違反としての実
行行為を認めることが可能であり、その過失行為と結果に相当因果関係があれ
ば過失犯は成立するのであるから、原因において自由な行為の理論を適用すべ
き必要性は、故意犯と比較して小さい。

　(c)　限定責任能力状態における結果行為

> **事例5−24**　Xは、Vを殺すことを決意し、勢いをつけるために飲酒し、酩酊
> 状態に陥った後、殺意をもってVの胸部をナイフで切り付け、Vを死亡させ
> た。刺突行為時、Xは心神耗弱状態であった。

　原因において自由な行為を間接正犯に類似するものとして、自己の責任無能
力状態における身体的動静を道具として利用する場合が原因において自由な行
為であると理論構成する立場（**間接正犯類似説**）によれば、結果行為時に限定責
任能力の場合は道具とはなり得ないから、原因において自由な行為の理論を適
用できないという問題がある。しかし、前述のように、原因行為が自由な意思
決定に基づいており、その意思決定の実現として結果行為が行われたのであれ
ば、**結果行為は責任能力状態での意思決定の実現過程**にほかならず、原因行為
時の意思決定が結果行為において実現している場合には完全な責任を問うこと
ができるのであるから、上記の要件を具備する限り、**事例5−24**のように、結
果行為時に限定責任能力状態にあった場合であっても、完全な責任能力のある
状態での故意・過失による意思決定が結果行為時に実現されるという構造は同
一であり、同じく原因において自由な行為の理論を適用することに問題はない。
　そうすると、**事例5−21**の場合、Xは正常な運転ができない状態で自動車を
運転していて通行人をはねて死亡させたのであるから、結果行為時に危険運転
の認識があれば、危険運転致死罪の構成要件に該当する。そして、Xは自動車
で居酒屋に向かい、自動車を運転して帰るつもりで多量に飲酒したのであるか
ら、原因行為を認識し、この時点で危険運転の認識があれば故意があると言え
る。その結果、病的ないし複雑酩酊状態のために正常な運転ができない状態で
自動車を運転していて通行人をはねて死亡させたのであり、結果行為時に原因
行為時と同様の故意があり、原因行為時の故意は結果行為まで連続していると
言えるから、通行人をはねたときには責任無能力ないし限定責任能力であった
としても、原因において自由な行為の理論により、39条は適用されず、危険運
転致死罪が成立することになる。

⑷　実行行為の途中からの責任能力の低下

> **事例5-25**　Xは、飲酒していたところ、Vと口論となりVを手拳で殴打し、腹立ちまぎれに更に飲酒して酩酊状態になりながら数回にわたりVを手拳で殴打し、Vに傷害を負わせ、傷害に基づく外傷性ショックにより死亡させた。

　実行行為に出たときには完全な責任能力が存在したが、途中から責任能力が失われ、あるいは著しく減少した場合は、39条を適用すべきであろうか。実行行為開始時には完全な責任能力が存在していたのであるから、その行為に出たことについては完全な責任を問うことができる。問題は、その後の責任無能力・限定責任能力状態で行われた行為によって惹起された結果について完全な責任を問い得るかということである。

　責任能力の低下後に新たな意思が生じるなどして、責任能力状態で開始された実行行為とは別の行為が行われたと見るべき場合には、39条の適用を排除して完全な責任を問うためには、原因において自由な行為の理論を適用すべきことになる。これに対して、責任能力状態で開始された実行行為と責任能力低下後の行為が、両者の**時間的・場所的近接性、意思・行為の継続性**などから、**一体・一個の実行行為と見るべき場合**には、実行行為は全体として一個であり、実行行為の開始時に完全な責任能力が存在する以上、相当因果関係が認められれば、責任能力低下後の行為・結果についても完全な責任を問い得る。この場合、実行行為時に完全な責任能力がない場合に問題となる原因において自由な行為の理論を適用する必要はない。従って、**事例5-25**の場合、傷害致死罪が成立し、完全な責任を問い得る。

6　違法性の意識の可能性

1　違法性の錯誤

> **違法性の錯誤**とは、構成要件に該当する（違法な）事実の認識はあるが、その行為の違法性の意識を欠くことを言う。

> **事例 5 -26**　普通自動車免許しか持っていないＸは、大型自動車である乗車定
> 員15名のマイクロバスを運転したが、その自動車は 6 人分の座席が取り外され
> ており、会社の上司から、この自動車は人を乗せなければ普通自動車免許で運
> 転しても大丈夫であると聞かされていたために、普通自動車免許で運転するこ
> とが許されると信じていた。

　事例 5 -26の場合、Ｘには無免許運転罪（道交64条・117条の 2 の 2 ）が成立する
であろうか。

　構成要件に該当する違法な行為をしたことについて、その行為者を非難でき
ると言うためには、行為時の具体的事情の下で、行為者に犯罪行為を避けて適
法行為を決意することが期待可能であったことが必要である（**規範的責任論**）。
その前提として、責任能力に加えて、行為者が自己の行為が法的に許されてい
ないこと＝違法性を意識することが可能であったことが必要である。**違法性を
意識することができて、初めてそこから反対動機を形成して、違法行為を避け
適法行為に出ることを期待することができるからである。**

　違法類型である構成要件に該当する事実を認識する者は、通常そこから自己
の行為の違法性を意識することができ、その意識を直接の手がかりとして反対
動機を形成し、違法行為を思い止まり、適法行為に出ることができたにもかか
わらず違法行為に出ることを決意した点で、故意行為の非難可能性は高いので
ある。

2 「違法性」の意識の不存在

　違法性の意識は、法的非難可能性を基礎づけるために必要な反対動機形成の
手がかりとなるべきものであるから、道徳・倫理といった単なる前法的な規範
違反の意識では足りず、少なくとも**法的に許されず禁止されている、あるいは
法秩序に反することの意識**が必要である。構成要件該当事実の認識がありなが
ら、この意味での違法性の意識を欠く場合が違法性の錯誤である。なお、刑法
的責任非難の観点から、違法性の意識には刑法的違法性ないし可罰性の意識が
必要であるとの主張もあるが、過剰な要求である。反対動機の形成は刑罰威嚇
によってのみ可能となるわけではなく、刑罰という法的効果は違法性の帰結で

あって、違法性の内容ではないのであるから、その認識の有無は責任非難の量的相違にとどまると言うべきであろう。

3　違法性の錯誤の効果

違法性の錯誤は故意を阻却しない。

　38条3項は、「法律を知らなかったとしても」、すなわち違法性の意識がなかったとしても故意がないとは言えないが、情状によりその刑を減軽することができると規定している。**違法性の錯誤は故意を阻却しない**のである。もっとも、何らかの事情のために違法性を意識することが困難な場合がある。その場合は責任が減少するために、刑を減軽することができる。しかし、違法性の意識の可能性がない場合に非難可能性を認めることは**責任主義**に反するのであり、例外的に違法性を意識することができなかった場合は、責任非難を加えることはできないのであるから、故意責任は否定されて犯罪は成立しないとすべきであろう（**違法性の意識の可能性必要説**）。判例は、この場合にも故意責任は否定されないとする立場（**違法性の意識不要説**）を取っているとされるが、近年は、判例変更の可能性を示したとも思われる判例も見られる（最決昭62・7・16刑集41巻5号237頁）。

　違法性の意識の可能性がない場合は、故意が否定されるとする見解（**制限故意説**）もある。この見解には、不処罰の根拠を38条1項に求めることができるという長所がある。しかし、「故意に」とは「知っていながら」という意味であるから、違法であることを知らなくてもその可能性があるから故意があるということには無理がある。また、違法性の意識の可能性がなければ非難できないのであるから、過失犯も成立しない。つまり、違法性の意識の可能性は、故意とは別個の故意犯・過失犯に共通の責任要素と言うべきである（**責任説**）。そうすると、違法性の意識の可能性がない場合は、38条3項但書の延長線上において、超法規的に責任が阻却されるということになる。

　更に、違法性を意識しながら、違法行為を思い止まるという反対動機を突破してあえて違法行為に出る決意をするところに重い非難の根拠があるとして、故意責任があると言うためには、違法性の意識の可能性では足りず、現実

の違法性の意識が必要であるとする見解も主張されている（**厳格故意説**）。38条
3項の「法律」とは「条文」を言い、条文の不知は故意を否定しないという趣旨
の規定であるとする。しかし、厳格故意説によると、法規制に無関心であるほ
ど故意責任が否定されることになり、また、違法性を意識していながら、条文
を知らなかったことを根拠として刑を減軽すべきことになるというのは不合理
であり、38条3項但書の刑の減軽の根拠を説明することができない。また、**反
対動機形成可能性があることは故意犯・過失犯に共通する責任の限界**であり、
この点からは違法性の意識とその可能性は責任非難の質的相違をもたらさない
というべきであろう。確かに、違法性の意識が存在する場合の責任非難が最も
重いのであるが、違法性の意識はないが違法性の意識の可能性がある場合とで
は量的相違があるにとどまるのである。

4　違法性の意識の可能性の不存在

違法性の意識の可能性が存在しない場合、犯罪は成立しない。

　違法性を意識することができなかったというのは、どのような場合を言うの
であろうか。

　違法類型である構成要件該当事実の認識があれば、通常当該行為の違法性を
意識することは可能であるから、それにもかかわらず違法性の意識の可能性が
ないというのは、例外的な特別な事情があった場合ということになる。違法性
の意識の可能性必要説によれば、一定の特別な事情のために、違法性の意識を
欠くことが無理もないという場合、即ち、犯罪事実の認識があっても違法性の
意識を喚起することが期待できない場合には、行為者に違法性の意識の可能性
がないから、故意責任が否定されるのである。

　具体的には、第1に、法律の存在を知らないために、およそ違法かどうかと
いう問題を意識しなかった場合である「**法の不知**」については、刑罰法規の新
設直後であるとか、法習慣の異なる外国から来て間もない外国人のように、自
己の行為を違法とする法規範の存在を知り得ない特別な事情がある場合を除い
て、原則として違法性の意識の可能性は認められる。

　第2に、刑罰法規の存在は知っているが、当該法規の解釈を誤って自己の行

為は違法でないと誤信した場合である「**あてはめの錯誤**」については、誤信の原因が、自己の行為を適法とする法規・判例・権限のある**公的機関の公式見解を信頼**した場合のように、信頼できる情報提供者から与えられた信頼に値する情報内容が、行為者の行為は適法であるとするものであれば、行為者に、自己の行為の許容性を疑い、この点について更に調査・検討せよと要求することはできず、自己の行為は違法ではないと考えるのも無理はないから、行為者がこれを信頼して行為した場合は、違法性の意識の可能性はないと言ってよい。下級審判例において、故意責任が否定されたうちの多くはこの類型である（東京高判昭55・9・26高刑33巻5号359頁等）。

　これに対して、誤信の原因が、弁護士、学者、上司等の**私人の意見を信頼**して行為した場合には、通説・判例によれば、違法性の意識の可能性は否定されない。弁護士や学者といえども、法の解釈・適用について一般社会から絶対的な信頼を得ているとは言えないこと、この場合に故意責任が否定されるとすれば、法が解釈・運用の権限がない私人の意見により左右されることになり法制度の弛緩を招きかねないこと、公務員ではない私人の意見に対して国家には責任はないことに根拠が求められている。

　そうすると、**事例5–26**の場合、大型自動車である乗車定員15名のマイクロバスを運転したが、その自動車は6人分の座席が取り外されており、会社の上司から、この自動車は人を乗せなければ普通自動車免許でしても大丈夫であると聞かされていたために、普通自動車免許で運転することが許されると信じていたという場合は、Xは、当該車両の外観・座席が取り外されていたという状況を認識しており、意味の認識を妨げる特別な事情が介在したとは言えないのであるから、大型自動車を基礎づける事実の認識はあったと言える。従って、Xの錯誤は違法性の錯誤であり、会社の上司から普通自動車免許で運転できると言われていたとしても、自動車検査証の乗車定員を確認することなどにより、普通自動車免許で本件車両を運転できないことは容易に知り得たのであるから、違法性の意識の可能性は認められる（最決平18・2・27刑集60巻2号253頁参照）。従って、無免許運転罪が成立する。

7　期待可能性

1　意　義

> **期待可能性とは、行為時の具体的な事情の下で、行為者に違法行為を思い止まり、適法行為を行うことができたであろうと期待できることを言う。**

　期待可能性がないときは、たとえ故意・過失があり違法性の意識の可能性が存在したとしても、故意・過失責任は否定されるという考え方を、**期待可能性の理論**と言う。**規範的責任論**は、行為者に責任があると言えるのは、責任能力及び故意・過失という心理的要素のほかに、行為当時において、行為者が当該違法行為を思い止まり適法行為を決意することが期待可能であったという規範的要素が存在する場合であるという考え方であるから、期待可能性の理論がその基礎となっている。

事例5-27　旅客運搬業務に従事していた連絡船船長は、乗船定員25名のところ130名を乗船させて出発し、途中で近くを通り過ぎた他船の追い波を受けたために船尾より海水が浸入し、船が沈没して多数の死傷者を出した。なお、当時は他に交通機関が少ないために通勤中の労働者が先を争って乗船し、船員の制止を聞かなかった。また、警察官も出港時刻の励行のみに専念しており、船長の再三の警告にもかかわらず、船主は、採算上の理由から、多数の乗客を乗船させていた。更に、船長自身貧困の上に別罪で執行猶予中であった。

　事例5-27の場合、業務上過失往来危険罪（129条2項）及び業務上過失致死傷罪（211条1項）は成立するであろうか。

2　体系的地位

　期待可能性は、責任の軽重を定めるものとして積極的な責任要素であり、故意・過失の要素として、期待可能性がない場合に故意・過失が否定され、その条文根拠を38条1項に求める見解もあるが、期待可能性がなければ責任非難を加えることはできないから、期待可能性は責任能力、故意・過失、違法性の意識の可能性と並ぶ責任要素である。故意・過失があれば原則として責任能力、

違法性の意識の可能性、期待可能性はあるといってよいから、期待可能性の不存在は独立の**責任阻却事由**である。従って、検察官は期待可能性の存在を常に立証する必要はなく、期待可能性の不存在が刑事訴訟法335条2項の「犯罪の成立を妨げる理由」に当たるのである。

　また、期待可能性は、法律上責任阻却・減軽事由として規定され、または解釈により認められる場合に限られる特殊的な責任阻却事由ではなく、一般的な**超法規的責任阻却事由**である。確かに、安易な期待可能性の適用は刑法の規制的機能の弱体化、刑法的秩序の弛緩を招くものとして慎まなければならないが、責任判断は、その性質上具体的・非類型的なものであり、法律が責任を阻却すべき場合を全て網羅的に規定しているとは考えられないから、一般的な超法規的責任阻却事由を否定する理由はない。

3　期待可能性の不存在による責任阻却・減軽事由

期待可能性が存在しない場合、責任は阻却され、犯罪は成立しない。

　(1)　**法規上の責任阻却・減軽事由**　　法規上の責任阻却・減軽事由としては、過剰防衛（36条2項）、過剰避難（37条1項但書）、親族の犯人蔵匿・証拠隠滅（105条）などがある。なお、単純逃走罪（97条）、自己堕胎罪（212条）、偽造通貨収得後知情行使罪（152条）の法定刑が軽いのは、期待可能性の理論が考慮されているためである。

　(2)　**解釈上の責任阻却・減軽事由**　　解釈上期待可能性が問題となる場合としては、違法拘束命令、心理的強制、義務の衝突、積極的安楽死などがある。

　(a)　**違法拘束命**　　違法拘束命令とは、命令に対する服従が絶対的に義務づけられている場合において、その命令自体が違法な場合である。命令に従った部下の行為については、違法な命令を実行するものである以上は、その行為の違法性は否定できないが、期待可能性の不存在により責任が阻却される。

　(b)　**心理的強制、義務の衝突、積極的安楽死**　　物理的に強制された行動は、刑法上の行為とは言えないから問題とならない。心理的に強制された行為、例えば拳銃を突きつけられて犯罪を強制される場合のように、抵抗できない強制による行為の場合は、強要による緊急避難が成立し得る（本章3節2(3)

(a))。緊急避難が成立しないときでも、強制によって適法行為を期待できない場合と言えるから、期待可能性の欠如により責任が阻却される。同様に、義務の衝突、積極的安楽死も、違法性阻却事由としての要件を充足すれば違法性が阻却されるが、違法性阻却の要件を充たさない場合においても、他に適法行為に出る可能性がなく期待可能性がないと認められるときは責任が阻却される。

4 期待可能性の判断基準

期待可能性の有無・程度の判断基準については、見解の対立するところではあるが、責任は当該違法行為について行為者に対して非難が可能であることを言うのであるから、行為者に適法行為を期待することができない場合には責任非難を認めることはできないという意味において、行為当時の具体的な事情の下で行為者に適法行為に出る可能性があったか否かを基準とすべきである（**行為者標準説**）。但し、法規範は平均人に期待する以上のものは期待していないと解されるから、上限は法規範に忠実な態度の持ち主という意味での平均人によって画されるべきである（**折衷説**）。

事例5-27では、業務上過失致死傷罪の構成要件該当性、違法性は否定できず、また、違法性の意識の可能性もある。問題は当該行為以外の適法行為に出ることが期待できたかであるが、客観的には適法行為に出る可能性が全くなかったとは言えないであろう。但し、行為状況から適法行為に出ることを困難にする事情が認められるために、責任が減軽される場合と言えよう（大判昭8・11・21刑集12巻2072頁）。

5 期待可能性の錯誤

期待可能性の錯誤とは、例えば客観的には強制された状態にはないのに強制された状態にあると誤信している場合のように、期待可能性の不存在を基礎づける事情がないのにあると誤信することを言う。期待可能性の不存在を基礎づける事情は責任要素であり、構成要件に該当する事実ではないのであるから、故意の認識対象ではなく、その錯誤は故意を阻却するものではない。**その錯誤を回避することができなかった場合は、期待可能性の不存在を理由として責任が阻却される**と解すべきである。

8　錯　誤

1　故意の否定

> 錯誤とは、事実と観念の食い違いを言い（不知を含む）、重要なのは、錯誤が構成
> 要件に該当する客観的事実の認識を欠如させるものであるか否かである。

　刑法においては、行為者の認識内容と現実に発生した犯罪事実との間に食い
違いがある場合、どのような範囲まで故意犯の成立を認めることができるかと
いう点で、錯誤が問題となる。故意の成立のためには構成要件に該当する客観
的事実の認識が必要である（4章3節1参照）。その根拠の第1は、構成要件に
該当する客観的事実の認識があれば、通常そこから直接違法性の意識が喚起さ
れ、反対動機の形成が可能になり、それにもかかわらず犯罪を実現するところ
に、直接的な反規範的意思活動として重い責任非難が加えられることに**故意責
任の本質**があるということである。第2は、**罪刑法定主義**から、実質的に違
法・有責な行為であっても構成要件に該当しない行為は犯罪とはなり得ないの
であるから、行為者の認識した不法内容が構成要件の枠内になければ処罰され
ないという意味で、**罪刑法定主義の主観面における保障**の観点から、故意は構
成要件に該当する客観的事実の範囲でのみ成立するということである。従っ
て、錯誤のために構成要件に該当する客観的事実の認識が欠けることになれ
ば、故意の成立が否定されることになる。これに対して、錯誤はあったが構成
要件に該当する客観的事実の認識が存在するのであれば、故意の成立は否定さ
れない。**故意の成否にとって重要なのは、錯誤が構成要件に該当する客観的事
実の認識を欠如させるものであるか否か**である。

　錯誤は、その対象により、事実の錯誤と違法性の錯誤とに分類される。**事実
の錯誤**とは、行為者が認識した犯罪事実と現実に発生した犯罪事実とが一致し
ない場合を言い、**違法性の錯誤**とは、犯罪事実は正しく認識しながら、違法性
の意識を欠く場合を言う。**事実の錯誤は故意を阻却するが、違法性の錯誤は故
意を阻却しない**と言われる。これは、事実の錯誤は構成要件に該当する客観的
事実の認識の欠如に至るのに対して、違法性の錯誤はそうではないからである。

　また、事実の錯誤は、構成要件を基準として、同一構成要件の範囲内におけ

る具体的な事実に錯誤がある**具体的事実の錯誤**と、錯誤が異なる構成要件にまたがる場合である**抽象的事実の錯誤**とに分類される。更に、事実の錯誤は、錯誤がどこに生じたかを基準として、客体の錯誤、方法の錯誤、因果関係の錯誤に分類される。**客体の錯誤**は、行為は認識した客体に向けられたが、その客体の性質に錯誤があった場合である（客体の取り違え）。**方法の錯誤**は、行為自体が認識した客体と異なる客体に向けられたために、認識とは異なる客体に結果が発生した場合である（手違い、攻撃の失敗）。**因果関係の錯誤**は、認識したとおりの結果が発生したが、予見した因果経過とは異なる因果経過をたどった場合である。このような錯誤が故意の成立を否定するのかという問題解決のためには、故意の成立に必要な認識の対象である構成要件該当事実はどの程度抽象化が認められるのか、構成要件はどの程度の抽象化を許容しているのかを検討することが必要となる。

2　事実の錯誤と違法性の錯誤

(1)　事実の錯誤と違法性の錯誤の区別

事実の錯誤は故意を阻却するが、違法性の錯誤は故意を阻却しない。この区別にとって重要なのは意味の認識の有無である

　事実の錯誤は故意を阻却し、せいぜい過失犯が問題となるにとどまるのに対して、違法性の錯誤は故意を阻却せず、原則として故意犯が成立するのであるから、錯誤が事実の錯誤か違法性の錯誤かは重要な問題である。事実の錯誤と違法性の錯誤は、違法性の意識を欠く点では共通するが、それが事実の錯誤は構成要件に該当する（違法な）事実の認識の欠如のためであるのに対して、違法性の錯誤は構成要件に該当する事実の認識がありながら、その他の事情のために違法性の意識を欠くという点で相違がある。従って、**両者の区別は、構成要件に該当する（違法な）事実の認識の有無**によることになる。

　このように、理論的には事実の錯誤と違法性の錯誤は、構成要件に該当する（違法な）事実の認識の有無により区別されることになるが、構成要件要素には、事実的要素だけではなく法律にかかわる知識や違法性にかかわる評価的要素が含まれる場合があるために、実際上区別は必ずしも容易ではない。そこで

重要になるのが**意味の認識**である（4章3節1参照）。構成要件の具体的内容は解釈により確定されるものであるから、故意の成立には、ある事実が特定の構成要件に該当するという刑法的あてはめないし専門的認識までは必要ではないが、違法・有責という刑法的評価の基礎となる構成要件該当事実について、一般通常人が知っているような社会的意味・性質の理解、即ち意味の認識は必要である。

　これを故意の成立に構成要件該当事実の認識が必要とされる根拠から考えると、罪刑法定主義の主観面における保障の観点から、**犯罪の実質的な内容である違法・責任という刑法的評価を基礎づける類型的な要素である事実の社会的意味内容の認識**が必要である。また、故意責任の本質の観点から、その認識か

サイドステップ：「たぬき・むじな」事件と「むささび・もま」事件

　両事件ともに捕獲禁止獣である「たぬき」、「むささび」を捕獲したとして狩猟法違反の罪に問われたものであるが、いずれも「たぬき」を「むじな」、「むささび」を「もま」であると思って捕獲したものであった。なお、「たぬき」と「むじな」は社会通念上別の動物であると思われていたのに対して、「もま」は一地方における「むささび」の俗称であるという事情があった。大審院は、「たぬき・むじな」事件については事実の錯誤であるとして無罪としたのに対して（大判大14・6・9刑集4巻378頁）、「むささび・もま」事件については法律（違法性）の錯誤として有罪とした（大判大13・4・25刑集3巻364頁）。

　両事件の判決に対する評価は分かれており、「たぬき」即ち「むじな」を「むじな」として、「むささび」すなわち「もま」を「もま」として認識している以上、事実の認識として欠けるところはなく、いずれも法的あてはめの錯誤であるとする評価もある。しかし、意味の認識の観点からすれば、行為者は「たぬき」と「むじな」は別の動物と思っており、社会通念上も別の動物とされていたとすれば、「むじな」の認識では「たぬき」の意味の認識には足りないから事実の錯誤である。これに対して、社会通念上「もま」は「むささび」と同一物とされていたとすれば、「もま」の認識があれば「むささび」の意味の認識としては十分であり、その動物が禁猟獣であることを知らなかったにとどまるから違法性の錯誤である。このように考えると、両事件の判例の判断は妥当であったと言える。

ら違法性の意識が喚起され反対動機の形成が可能となる認識が必要である。そうすると、意味の認識、即ち構成要件に該当する事実である犯罪事実の実質的内容である違法・責任評価の基礎となる事実の社会的意味内容の認識がなく、その認識から類型的に直接違法性の意識が喚起可能となるような程度の認識が欠ける場合が事実の錯誤であり、構成要件該当事実について意味の認識があり、通常違法性の意識が喚起されるべき事実を認識していながら違法性の意識を欠く場合が違法性の錯誤である。この区別が問題となるのは、規範的構成要件要素の錯誤、法律的事実の錯誤、違法性阻却事由の錯誤の場合である。

(a) 規範的構成要件要素の錯誤　　文書の「わいせつ性」、公務員の職務行為の「適法性」のように、裁判官による規範的・評価的な価値判断による補充を要する規範的構成要件要素の場合、意味の認識があると言うためには、その事実を一定の法的概念にあてはめる前段階として、その法的評価を基礎づける社会的・一般的意味を理解している必要がある。「わいせつ性」については、一般の人が性的興味を抱くような意味内容のものであるという理解、「適法性」については公務員の職務行為の適法性を基礎づける事実の認識が必要である。この意味の認識がなければ事実の錯誤として故意を阻却すると解すべきである。

なお、行政刑罰法規における禁止事項については、行為の社会的意味の認識が、法規による禁止事項への具体的なあてはめと不可分に結合しているために、事実の錯誤か違法性の錯誤かを明確に区別することが困難であると言われているが、この場合も意味の認識の有無の見地から区別すべきである。

(b) 法律的事実の錯誤

事例 5-28　Xは、A県飼犬取締規則に「飼犬証票なく且つ飼主文明ならざる犬は無主犬と見做す」との規定があったので、他人の飼犬であっても鑑札を付けていない犬は無主犬とみなされるものと思い、首輪はつけていたが鑑札を付けていなかった他人の犬を撲殺した。

例えば、民法や他の法令の不知・誤解の結果、物の他人性の認識を欠くに至った場合のように、法令の不知・誤解の結果、構成要件要素としての事実について錯誤を生じた場合を法律的事実の錯誤と言う。その物の所有権が他人に帰属するということは民法の所有権に関する規定を前提にするものであるか

ら、**事例 5-28**のように、民法等の法規定の不知・誤解の結果、物の他人性についての認識を欠くに至れば、それは法律の錯誤ではなく事実の錯誤として故意は阻却されると解すべきである（最判昭26・8・17刑集 5 巻 9 号1789頁参照）。

　　（c）**違法性阻却事由の錯誤**　　例えば、急迫不正の侵害がないのにあると誤信して反撃行為をして人に怪我をさせた場合（誤想防衛→本章 2 節 4 参照）のように、違法性阻却を基礎づける事実について錯誤がある場合、構成要件に該当する事実の認識に欠けるところはないから事実の錯誤として故意は阻却されないとも考えられる（**厳格責任説**）。しかし、違法な事実の認識がなければ、犯罪の実質的内容の認識があるとは言えず、あるいは規範の問題に直面しないから、故意には構成要件に該当する「違法な」事実の認識が必要であるとして、違法性阻却事由の錯誤は事実の錯誤として故意を阻却するとするのが通説・判例である。

　⑵　**事実の錯誤──解決基準**

認識した事実と発生した事実とが構成要件のレベルで符合する限り、発生した事実について故意は成立する。

　事実の錯誤がある場合、認識した事実と現実に発生した事実との間にどの程度の一致（符合）があれば、発生した事実について故意の成立を認めてよいかが問題となる。第 1 に、最も抽象的なレベルで、認識した事実と発生した事実とが行為者の意思・性格の危険性という点で符合する限り、故意の成立を認めることが考えられる（**抽象的符合説**）。第 2 に、認識した事実と発生した事実とが構成要件のレベルで符合する限り、発生した事実について故意の成立を認めることが考えられる（**法定的符合説**）。第 3 に、認識した事実と発生した事実とが、個々の具体的で重要な事実のレベルで符合しない限り、発生した事実について故意の成立を認めないことが考えられる（**具体的符合説**）。

　罪刑法定主義の要請から、故意の認識対象は構成要件に該当する客観的事実であるから、構成要件の枠を超えて故意の成立を認めることはできない。また、故意責任の本質から、故意があると言うためには、直接規範の問題が与えられる程度の認識が必要である。**規範は、構成要件という形で一般国民に与えられている**のであるから、構成要件で類型化された事実の認識があれば、故意

に必要な事実の認識はあったと言ってよい。例えば、殺人罪において重要なの
は、「人」を殺す認識であり、「Aという（その）人」を殺すという認識ではな
い。Aという「人」を殺す認識で行われた実行行為によって実現されたBとい
う「人」の死亡は、直接的な反規範的意思活動によって発生した結果なのであ
る。従って、認識した事実と発生した事実とが、構成要件上同一の評価を受け
る事実という点で符合している限り、発生した事実について故意の成立を認め
てよいのである。

　一方で、あまりにも抽象的なレベルでの符合で故意の成立を認めてよいとす
ると、構成要件の枠を超えて不当に広く故意の成立を認めることになり、罪刑
法定主義に反するし、犯罪ごとの違法性の質的相違を無視することにもなる。
他方で、過度に具体的なレベルで符合を要求すると、故意の成立範囲が不当に
狭くなる。

(3)　具体的事実の錯誤

(a)　容体の錯誤

> **事例5-29**　Xは、殺意をもってAだと思って発砲した。しかし、殺害した被
> 害者はAではなくBであった。

　事例5-29の場合、認識した事実と発生した事実とが構成要件上同一の評価
を受ける「人」という点で符合しているから、故意は阻却されない。この場合
は、具体的符合説によっても、具体的な（Aだと思ったB）「その人」を認識し、
「その人」であるBに結果が発生している以上、符合は認められることになる。

(b)　方法の錯誤

> **事例5-30**　Xは、殺意をもってAを狙って発砲したところ、弾丸がそれてA
> には当たらずBに当たり、Bが死亡した。

　事例5-30の場合、客体の錯誤と同様に、Aという「人」を認識し、Bという
「人」に結果が発生しており、構成要件上同一の評価を受ける「人」という点で
符合しているからか、発生したBの死亡という結果について殺人の故意が認め
られ、Bの死亡はAの死亡結果発生の危険のある実行行為の結果であるから、
Bに対する殺人罪が成立する。また、Aの殺害を認識して、Aの死亡の危険を

生じさせたのであるから、Aに対する殺人未遂罪が成立する。こうして、認識した客体に結果発生の危険が生じる限り、その客体に対する未遂犯が成立し、その実行行為により発生した結果について故意既遂犯が成立する（法定的符合説：**数故意犯説**－最判昭53・7・28刑集32巻5号1068頁）。

　これに対しては、「Aという人」を認識し、「Bという人」に結果が発生しており、具体的に重要な事実は符合しないから、Bの死亡に対する故意の成立は否定され、認識した客体であるAに対する殺人未遂罪と、結果が発生した客体であるBに対する過失致死罪が成立するにとどまるという**具体的符合説**も有力に主張されている。しかし、具体的符合説に対しては、次のような問題点が指摘されている。第1に、他人を利用する間接正犯、離隔犯、共犯のように、視覚的に客体を特定していない場合には、客体の錯誤と方法の錯誤との区別は困難である。第2に、構成要件上重要な事実とそうでない事実とを区別する基準が明らかではない。近年、この基準については、法益主体の同一性、実行行為のその時その場に存在するという客体の時間的・空間的特定性、客体の同一性、構成要件が着目する属性の同一性などが主張されているが、構成要件以上の具体的符合の基準は、具体的事実の錯誤の諸類型の全てについて統一的な基準を与えることができていない。第3に、例えば、Aの財物を損壊する意思で投石したところBの財物を損壊した場合には、Aの財物に対する器物損壊未遂罪とBの財物に対する過失器物損壊罪として無罪とせざるを得ないというように、導き出される結論の妥当性に問題がある。

　(c)　方法の錯誤の諸類型

事例5-31　Xは、Aを殺害する意図で発砲し、
①Aは傷害を負いBは死亡した。　　④A、Bともに傷害を負った。
②A、Bともに死亡した。　　　　　⑤A、Bいずれにも当たらなかったが
③Aが死亡しBが傷害を負った。　　　　死亡の危険があった。

　方法の錯誤の類型としては、**事例5-31**のような場合が考えられる。法定的符合説からは、発砲行為により結果発生の現実的危険が発生する範囲内に属する限りで、いずれの場合も故意犯の成立が認められ、結果が発生した客体には殺人既遂罪が、死亡の危険が発生した客体には殺人未遂罪が成立する。①はA

に対する殺人未遂罪、Ｂに対する殺人罪、②はＡ、Ｂに対する殺人罪、③はＡ
に対する殺人罪、Ｂに対する殺人未遂罪、④、⑤はＡ、Ｂに対する殺人未遂罪
が成立する。これに対して、具体的符合説によれば、狙った客体に対する故意
犯、結果が発生した客体に対する過失犯が成立することになる。①はＡに対す

サイドステップ：一故意犯説

　法定的符合説によれば、方法の錯誤の場合、認識した客体に対する故意未遂
犯と結果が発生した客体に対する故意既遂犯の２罪の成立が認められることに
なるが、これは１個の故意を二重評価するもので、責任主義に反するという批
判がある。これを受けて、法定的符合説においても、１個の故意に対しては１
個の故意犯の成立を認める見解がある（**一故意犯説**）。しかし、法定的符合説
は、構成要件的に同一の評価を受けるという点で符合する限り、いずれの客体
についても故意を認める立場であるから、本来的に故意をある客体にのみ限定
するための基準を持たない。従って、法定的符合説に立ちながら、１個の故意
犯を認めようとすることには無理がある。例えば、Ａ殺害を意図してＡに向け
て発砲して、Ａに死亡の危険が発生した以上、Ａに対する殺人未遂罪が成立す
る。これに認識しなかったＢの死亡結果が加わった場合に、Ｂに対する殺人既
遂罪が成立するからといって、Ａに対する殺人未遂罪が不成立となるのは不合
理である。このことは、**併発結果**や**過剰結果**の場合に、より明らかになる。

　①の場合に、Ａに対する過失致傷罪とする見解や、Ａに対する殺人未遂罪は
Ｂに対する殺人罪に吸収されるとする見解がある。②はＡに対する殺人罪とＢ
に対する過失致死罪が成立する。③Ａに対する殺人罪とＢに対する過失致死傷
罪が成立する。④はＡに対する殺人未遂罪とＢに対する過失致死傷罪が成立す
る。⑤は１個の殺人未遂罪が成立するとされる。しかし、Ｂの結果次第で、同
じＡの傷害が殺人未遂になったり（④）、ならなかったり（①）、過失致傷に
なったりする（①）。また、Ａの結果次第で、同じＢの死亡が殺人になったり
（①）、過失致死になったりする（②）。更に、④について、裁判時までにＢが
死亡すれば殺人罪になる。このように、第１に、発生した結果、偶然の事情に
より故意になったり過失になったりする。第２に、同じく死亡の危険が発生し
ているにもかかわらず、殺人未遂になったりならなかったりするのは、未遂概
念を無視するものであろう。第３に、⑤の場合、Ａ、Ｂのいずれに対する殺人
未遂罪が成立するのか不明である。

る殺人未遂罪、Bに対する過失致死罪、②はAに対する殺人罪、Bに対する過失致死罪、③はAに対する殺人罪、Bに対する過失致傷罪、④はAに対する殺人未遂罪、Bに対する過失致傷罪、⑤はAに対する殺人未遂罪のみが成立することになる。

　(d)　因果関係の錯誤

事例5-32　Xは、Vを殺害する意図で首を絞めたところ、Vが動かなくなったので、Vが死亡したと思い、犯行の発覚を防ぐ目的で、海岸までVを運び、海岸砂上に放置して帰宅した。Vは、首を絞められた時点では意識を失っていただけであったが、砂末吸引により窒息死した。

　結果犯において因果関係は構成要件要素であるから、因果関係の基本的部分が故意の認識対象となるとするのが通説である。そこで、因果関係の錯誤の場合、故意の成否が問題となるが、因果関係の錯誤を理由として故意が阻却される余地はほとんど認められていない。故意に必要な因果関係の認識があると言うためには、因果関係の重要部分の認識が必要であって、因果経過の細部にわたる具体的な事象は重要ではなく、故意の成否に影響を及ぼさないとされている。そして、重要な部分という基準は、因果関係が認められる範囲と一致するのであるから、**因果関係が認められる場合に故意が阻却されることは考えられないから**である。ここから、**因果関係の錯誤は因果関係の問題として解決されるべきで**あって、故意の認識対象として因果関係は不要であるとする見解も有力である。

　事例5-32の場合、殺人の実行行為とVの死亡結果との間に因果関係が認められるから、行為者が認識した因果経過と現実に発生した因果経過の食い違いは重要ではないので、殺人罪の故意は阻却されず、殺人罪が成立する（大判大12・4・30刑集2巻378頁）。

　(e)　早すぎた結果発生

事例5-33　Xは、Vを事故死に見せかけて殺害するために、Vを自動車に誘い込み、クロロホルムを吸引させて失神させ、自動車の運転席に運び入れ、自動車を海中に転落させ溺死させる計画を立て、その通りに実行した。しかし、Vはクロロホルム摂取時点で死亡していた可能性があった。

　早すぎた結果発生とは、**事例5-33のように、行為者が構成要件実現のために必要だと考えている全ての行為を行う前に結果が発生した場合を言う**。これは、第1行為に実行行為性が認められ、結果について故意を有する第2行為のための準備の意思で行う第1行為の段階で故意を認めることができるかという問題である。この場合、結果について故意を有する第2行為を留保している第1行為の段階では故意は認められず、既遂の故意と未遂の故意とは異なるとの見地から、未遂犯と過失犯が成立するにとどまるとの見解も主張されている。

　しかし、行為者の具体的な行為計画から、第1行為の不可欠性、第1行為成功時による計画遂行の障害の不存在、第1行為と第2行為との時間的場所的近接性が認められれば、第1行為に実行の着手を肯定することができ、客観的に結果発生の危険を基礎づける事実を認識していれば結果を発生させる故意と言えるのであり、それが結果に直結しないと思っていたとしてもそれはあてはめの錯誤に過ぎず、故意に欠けるところはない。従って、当初の行為計画が維持され、別の新たな意思が生じておらず、相当因果関係が認められる限り、故意既遂犯の成立を肯定することができる（最決平16・3・22刑集58巻3号187頁（クロロホルム事件））。

サイドステップ：人違いと犬違い

　抽象的符合説からは、犯罪を意図して犯罪事実を実現したのに不可罰になるのは不当であるとして、次の事例のような場合に、法定的符合説によると不当な結論になると批判されている。他人の飼い犬を殺す意思で人を死亡させた場合は過失致死罪で50万円以下の罰金であるのに対して、Aの飼い犬を殺す意思でBの飼い犬を殺した場合は器物損壊罪で3年以下の拘禁刑となる。抽象的符合説の背景には、このような刑の不均衡の問題がある。しかし、刑の不均衡の原因は、構成要件的符合説の解決基準にではなく過失致死罪の法定刑が軽いことにあると言うべきである。現在では、重過失致死罪（211条1項後段−5年以下の拘禁刑）の適用も可能であるから、この問題は解決されていると言うべきであろう。

(4)　抽象的事実の錯誤

(a)　38条2項

> **事例5-34**　Xは、他人所有の動物を殺すつもりで投石したところ、付近にいた少年Vに当たりVに傷害を負わせた。

38条2項は、「重い罪に当たるべき行為をしたのに、行為の時にその重い罪に当たることとなる事実を知らなかった者は、その重い罪によって処断することはできない。」と規定する。これは、**事例5-34**のように、他人所有の動物を殺す（器物損壊罪：261条）つもりで投石したところ、付近にいた人に当たりけがをさせた（傷害罪：204条）場合、重い傷害罪で処罰することはできないとする趣旨である。しかし、どのような場合に何罪の故意が認められるか、また、行為者が重い罪を犯す意思で軽い罪を実現した場合については規定していない。そこで、抽象的事実の錯誤の場合に、どの範囲の事実まで故意の成立を認めることができるかが問題となる。

(b)　解決の基準

抽象的事実の錯誤の場合、認識した事実と発生した事実とが構成要件的に実質的に重なり合う範囲で、軽い事実について故意の成立が認められる。

　故意があると言うためには、構成要件に該当する客観的事実の認識が必要であるから、抽象的事実の錯誤の場合は、**発生した構成要件該当事実の認識を欠くことになり、故意を阻却するのが原則**である。従って、認識した事実については、行為により認識した構成要件的結果発生の現実的危険が生じたという限りで未遂犯が成立し、発生した事実については、過失と過失犯処罰規定の存在を前提として過失犯が成立する。例えば、飼い犬を殺す（器物損壊の）意思で飼い主を死亡させた（殺人罪の結果を発生させた）場合は、器物損壊未遂（不可罰）と過失致死罪（210条）の問題となる。逆に、飼い主を殺す意思で飼い犬を殺した場合は、殺人未遂（203条）と過失器物損壊（不可罰）の問題となる。

　しかし、例外的に、**認識した事実と発生した事実とが構成要件的に重なり合う場合には、重なり合う範囲で構成要件的事実の認識があると言える**から、その限度で故意の成立が認められる（**構成要件的符合説**）。例えば、同意殺人（202

条）の意思で殺人の結果を実現した場合は、人の生命を侵害する行為という点で構成要件的に重なり合うから、その限度で軽い同意殺人罪の故意の成立が認められる。そこで、問題となるのは、どのような場合に構成要件の重なり合いを認めることができるかである。

　(c)　構成要件の実質的重なり合い　　構成要件の重なり合いの基準については、「構成要件」の意義を巡って、これを形式的な構成要件の重なり合いとして、法条競合のように、基本的構成要件と加重・減軽関係、派生関係にある場合に限られるとする形式的符合説も主張されているが、構成要件は条文自体とは異なるのであって、解釈によってその内容は確定されるものであるから、形式的な重なり合いに限定する理由はない。

　構成要件の重なり合いとは、認識した事実と発生した事実との間の構成要件的な共通性が認められることである。そのためには、第1に、構成要件は法益侵害行為を類型化したものであるから、**保護法益の共通性**が必要である。第2に、構成要件は結果発生の現実的危険を有する行為＝実行行為を内容とし、実行行為の態様により構成要件が区別され、法定刑の軽重が決められている場合もあるから、**行為態様の共通性**が必要である。第3に、刑法の行為規範性及び罪刑法定主義から、犯罪類型は国民の予測可能性を超えるものであってはならないのであり、構成要件は社会通念上結果発生の危険のある行為を類型化したものであるから、**社会通念上の共通性**が必要である。こうして、構成要件の重なり合いとは、保護法益及び構成要件的行為態様の共通性を基礎として、最終的には社会通念上の重なり合いが認められることを言う（**実質的符合説**）。

　この観点から、構成要件の実質的な重なり合いが認められる場合としては、①殺人罪と同意殺人罪のように、**基本的構成要件と加重・減軽構成要件**の場合、②強盗罪（236条）と恐喝罪（249条）のように、**同質的な犯罪**、③殺人罪と傷害罪のように、**一方が他方を含んでいる場合**、④同意殺人罪と自殺関与罪（202条）のように、**同一構成要件内に択一的に規定されている場合**、⑤麻薬輸入罪（麻薬及び向精神薬取締法64条）と覚せい剤輸入罪（覚せい剤取締法41条）のように、**立法技術的に別個の条文に規定されている場合**などがある。

　なお、保護責任者遺棄罪（218条）と死体遺棄罪（190条）については、行為態様の類似性から重なり合いを認める見解もあるが、違法類型としての構成要件

の中核は法益侵害にあるとの立場からは、行為態様の類似性のみで重なり合い
を認めることはできないと言うべきであろう。

　（d）　抽象的事実の錯誤の諸類型

> **事例5-35**　Xは、恐喝の故意で強盗を実現した。
> **事例5-36**　Xは、強盗の故意で恐喝を実現した。
> **事例5-37**　Xは、虚偽公文書作成の故意で公文書偽造を実現した。

　抽象的事実の錯誤の類型として、第1に、**軽い罪を認識して、構成要件的に
重なり合う重い罪を実現した場合**は、主観的には軽い罪の故意しかなく、軽い
罪の実行行為が存在するにとどまるから、38条2項により軽い罪の故意犯が成
立する。**事例5-35**の場合、恐喝罪が成立する。この場合、「処断することはで
きない」とは、成立罪名は重い罪名に従いながら、科刑は軽い方の法定刑に従
うというのが裁判実務における伝統的な解釈とされてきたが、犯罪に対する質
的評価を示す成立罪名は科刑と分離すべきではないから、軽い罪が成立すると
言うべきである。例えば、恐喝罪の認識で強盗罪の結果を実現した場合には、
恐喝罪が成立する。

　第2に、**重い罪を認識して、構成要件的に重なり合う軽い罪を実現した場合**
は、客観的に軽い罪の実行行為が存在したにとどまるから、軽い罪の故意犯が
成立するが、重い罪の結果発生の現実的危険が生じた場合には、重い罪の未遂
犯が成立する。**事例5-36**の場合、恐喝罪が成立するが、強盗の現実的危険が
生じた場合には、強盗未遂罪が成立する。

　第3に、**認識した罪と実現した罪とが構成要件的に重なり合い、法定刑が同
一の場合**には、認識した罪の故意犯が成立するとの見解もあるが、第2の場合
と同様に、客観的に実現された罪の実行行為が存在するのであるから、実現さ
れた罪の故意犯が成立する。**事例5-37**の場合、公文書偽造罪が成立する。（最
判昭23・10・23刑集2巻11号1386頁、最決昭54・3・27刑集33巻2号140頁）。事実の錯誤
は、発生した事実について故意の成立が認められるか否かという問題が原則と
言うべきであろう。

[松原久利]

セカンドステップ
犯罪の様々なかたち

6章　何かを「しない」犯罪＝不作為犯

1　真正不作為犯と不真正不作為犯

　刑法典は、犯罪を、通常は例えば、「人を殺す」、「放火する」、「人を欺く」というように、「〜をする」という形で記述している。この、「何かをすること」を作為と呼び、作為の形で規定された犯罪を作為犯と呼ぶ。他方、「〜をしない」という形で規定された犯罪もある。例えば、不退去罪（130条）は、「要求を受けて退去しない」罪である。あるいは保護責任者が「生存に必要な保護をしない」罪というものもある（218条）。こうした、何かを「しない」こと、つまり不作為を内容とする犯罪を不作為犯と呼ぶ。また、例えば、「見殺し」という言葉があるように、「死にそうな人を助けない」という不作為が「殺すこと」と同じだと評価される場合もある。この場合は、「殺す」という作為の形で書かれている条文（199条）を適用することになる。そこで、この場合を「不真正不作為犯」と、不作為の形で規定された不作為犯を「真正不作為犯」と呼んで区別する。

2　不真正不作為犯の成立要件

1　作為義務違反

> 不真正不作為犯は、作為義務（保障人的地位）及び作為可能性がある場合でなければ成立しない。

> 事例6-1　Xは、自らの過失によって自車を衝突させたVが瀕死の状態で倒れているのを知りながら、救護せず現場から走り去った。Vは3時間後に出血性ショックで死亡したが、即時に救急車を呼び手当をしていれば助かった。

(1) 作為義務を履行しなかったこと

例えば、幼児が誤って池に落ちて、しばらく後におぼれ死んだ場合、その幼児を助ける法的義務を負う者、例えばその幼児の親がその状況を知りつつ救助しなかった場合に限って不真正不作為犯としての殺人罪（うっかりおぼれていることに気づかなかった場合は過失致死罪）が成立する。この救助という作為を行う義務を**作為義務**と呼ぶ。通りすがりの赤の他人であれば、その親と同じく池の傍で手を拱いてその幼児を見殺しにしていても、傍に親もいたのである以上、作為義務は負わず、倫理的な非難を受けることは別として、法的な責任を負うことはない。作為義務違反が必要なのは、何かをなすべきであった場合にしか「何かをしなかった」不作為というものを考えることができないからである。

(2) 作為可能性

もちろん、親であっても、救助行為を適時に行うことができる場所、例えば池のすぐ近くにいたこと、救助手段が入手可能であったこと、例えば、親自身が泳げたこと、泳げなかったとしてもボートやロープその他の救助道具が手近にあったこと、時間的余裕があった場合は、救助者を呼ぶ連絡手段があったこと、といった事情が必要である。この要件を**作為可能性**と呼ぶ。義務を履行する能力のない者には義務は生じないとも言われる。

なお、作為義務とは、一定の利益を保護または救助する義務であるから、保護・救助の対象となる利益が危険にさらされているということが前提となる。

(3) 保障人的地位

作為義務を負うのは、保護または救助される利益についてその存立を支えることが社会的に期待されている人である。このような人を**保障人**、期待される地位を**保障人的地位**と呼ぶ。このように、保障人的地位と作為義務とは、不真正不作為犯の成立要件としては同一の事実を内容とする。但し、理論的には一応次元が異なるとされている。

保障人的地位＝作為義務には、客体を直接保護する作為を要求するタイプのもの（例えば、上の例における親：法益保護義務）と、廃屋や池の管理者のように危険源を管理して近辺の人に害が及ばないようにするという形態の作為を要求するものとがある。後者は、例えば瓦が落下して通行人に当たって怪我をさせたりしないように、破損部分を撤去する、あるいは囲いを設置するといった、

また、池で幼児がおぼれたりしないように柵を整備するといった義務（危険源監視義務）である。

　このように、保護・救助されるべき利益に対して特定の人的関係＝地位にある人についてしか成立しないのであるから、不真正不作為犯は、一種の身分犯であることになる。

(4)　作為義務の発生根拠

作為義務の有無は、法令、契約、事務管理、事実上の引き受け、危険創出、保護・救助客体の排他的支配等を手がかりに判定される。

　作為義務は、法令、契約、事務管理に基づいて発生すると言われる（形式的法義務論）ことがある。これらの事情が作為義務の有無の判断に際して着目すべき点であることは一般に認められている。法令上に一定の義務が明記されている以上、それを尽くさなかった場合には何らかの制裁が科されるはずである。例えば、看護契約や診療契約を結んだ医療従事者は、患者の健康状態が悪化しないことについて一定の責任を負うことは確かである。また、人や物の管理を事実上引き受けた者にもその対象の状態を悪化させない責任は負うであろう。しかし、法令、契約、事務管理から直ちに刑法典上の処罰規定の適用要件となる作為義務が発生する訳ではない。例えば、道路交通法上の救護義務（道交72条）を果たさなかったことで事故被害者が死亡したとしても、道路交通法上の刑罰以外に、刑法上の殺人罪、業務上過失致死罪までが不真正不作為犯として成立するという訳ではない。道路交通法上の義務は、事故について過失のない運転者にも事故車の運転者以外の乗員にも生じるが、これらの者にはなおさら、殺人罪の作為義務が直ちに生じるとは言えない。また、契約違反や事務管理に基づく責任については原則として民事法上の法律効果が予定されているのであるから、これらが直接に刑罰を根拠づけることはない。

　事例6-1では救護しなかったことだけで処罰される訳ではない。

　これらに加えて、信義誠実、公序良俗といったものを含む「条理」に基づいて作為義務が生じるとされることもある。しかし、この「条理」という概念は、「それ以外の場合」を指すに過ぎず、その内容はおろか輪郭さえ明らかにされたことのない概念であって、実際の判断の手がかりとはならない。

(5)　総合的判断

　実際上、具体的な作為義務の有無は、法令、契約等も含めて様々な事情を手がかりに総合的に判定される。例えば、親がおぼれる我が子を救助するべき義務は、民法上に規定された親の子に対する監護義務（民820条）に基づく（法令に基づく義務）という側面も有するが、それだけではなく、現場にその親しか有効な救助手段を持った者がいない（排他性）、他にも救助可能な者はいるが、他人であり、おぼれている子の親がそこにいることを知っている（社会心理的排他性）といった事情も追加されなければならない。

　ある患者と入院診療契約を結んだ医師は、それだけで、その患者の当該疾病に関わる健康状態の悪化を完全に止める義務を有するわけではなく、患者が死亡したからといって直ちにその点について責任を問われるわけではない。しかし、悪化しないような措置、死期を遅らせるような措置をおよそ講じなかった場合、その医師は、業務上過失致死または保護責任者遺棄致死、更には殺人罪の責を負うことすらあり得る。入院患者に対して他の者が代わりにそのような措置を講じることは不可能であり、入院によって当該医師だけがそれを行うことができる状況が作り出されている。つまり、当該契約に基づいてその医師が患者の健康状態に対して**排他的支配**を設定し、保障人的地位に立ったと言える場合があるからである。このような意味で契約も、作為義務を特定する際の重要な手がかりにはなるが決定的な要素ではないと言える。

　また、自分の先行する行為によって作為義務が生じることもあるが、これも単に先行行為があればよいというわけではない。例えば、神棚のロウソクの火や火鉢の火の不始末によって自分の家屋や自分が管理する建造物に着火しそうな状況を作ってしまった者は、早期にこれを消し止める作為義務を負い、かつ容易に消し止めることができたにもかかわらず、火が出ていることを知りつつ放置して家屋や建造物本体を焼損、焼失せしめた場合、不真正不作為犯としての放火罪の責任を負う（最判昭33・9・9刑集12巻13号2882頁、大判昭13・3・11刑集17巻237頁）が、この場合、過失があったこと及び自己の支配・管理する範囲において危険を作りだしたことが決定的なのである。

　事例6-1では先行する過失と道交法上の救護義務違反及びVの瀕死の重傷という状態が相俟って作為義務が根拠づけられることがあり得る。

2　因果関係

不真正不作為犯の因果関係は、作為義務を尽くしていれば助かったか、という形で判定される。

　殺人罪のような結果犯の既遂が成立するためには行為と結果との間に因果関係があったことが必要である。通常、「その行為がなかったならば、その結果は発生しなかったであろう」と言えるか否かという判断公式に従って判定される因果関係（条件関係）は、不真正不作為犯においては、「その不作為＝作為義務違反がなかったならば」という形を取らざるを得ない。つまり、作為義務を履行していれば、具体的に言えば、「救助のための作為を行っていたとしたら、命が助かったであろう」と言えるか否かという形で判定されることになる。言葉を換えると、結果犯の不真正不作為犯の既遂が成立するためには救助可能性（結果回避可能性）がなければならない、ということになる。但し、これは上で述べた作為可能性とは意味が異なるので注意が必要である。

　事例6-1では救護しなかった不作為とVの死亡との間に条件関係が認められる。

　もちろん、このような条件関係に加えて、相当因果関係も必要である。この判断は、作為義務者が不作為にとどまったことによって結果が発生したことが一般的、通常であるかという判断であるから、単純な事例では、上記の条件関係の判断と重なってしまう。不真正不作為犯の相当因果関係が問題となるのは、主として不作為の後に他の特殊な事情（例えば被害者や第三者の作為）が介在した場合である。その場合には、事実上、その介在事情が結果発生にどの程度寄与するものであったかが不作為の相当因果関係の判断を決することになる。

3　作為犯との同価値性

不真正不作為犯は、適用罰条に規定された作為と同等の当罰性がある（作為と同価値である）場合に成立する。

　不作為とは、全く何もしないことではなく、なすべき何かをしないことである。例えば、他人の管理する建造物内で、突然演説や音楽の演奏を始めたため

管理者から退去を求められたにもかかわらず退去しない者は、退去要求を無視して演説や演奏を継続するという作為を同時に行っているとしても、「退去」という点については不作為にとどまる。この場合の不退去罪のような真正不作為犯においては、その「なすべき何か」が「〜をしない」という形で直接条文上に記述されているため、どのような場合に犯罪が成立するのかは比較的明確である。

　しかし、処罰規定自体は作為の形で処罰するべき行為を記述している不真正不作為犯においては、条文からは同様の手がかりを得ることができない。せいぜい、当該処罰規定が避けようとしている事態（例えば、199条においては「人が死ぬ」という事態）を防止する行動を取らないこと（助けないこと）が処罰の対象となる不作為である、という程度にしか特定できない。例えば、池でおぼれている幼児を救助しなかった人は無数にいる。その全てに、幼児が死亡したことについて刑事責任を問うことは非現実的であるし、その必要もない。しかも、その場合に適用されるのは199条である以上、処罰は「人を殺した者」と言える場合に限られなければならないし、またそれで十分である。そこで、ナイフで刺す、ピストルで撃つといった作為によって人を殺した場合と同等に評価される不作為だけが処罰されることになる。この、**作為との同価値性を根拠づけるのが作為義務違反**なのである。

　なお、199条には「殺した者」と書いてあるのに、「救助しなかった者」を199条で処罰することは罪刑法定主義に反するのではないか、あるいはどのような不作為が処罰されるのかが条文からは明確に読み取れないので明確性原則に反するのではないか、という疑問は古くから呈示されている。しかし、「殺す」には「見殺し」も含まれるというのが通常の用語例であるから、文言上当然に不作為に199条を適用することがあり得ないとは言えないし、「人を殺す」作為といっても結局は「人が死んだ」という結果でしか文言上は特定されていないのであるから、不真正不作為犯の処罰には作為義務による限定解釈が必要である以上、その処罰範囲の明確性において作為犯と不真正不作為犯とでそれほど大きな差があるわけではない。

サイドステップ：ひき逃げ

　自動車で過失により人を轢いた後、救護しないで逃げると、保護責任者遺棄罪（218条）、適時に救護されていたら助かるはずだった被害者が死亡した場合、殺人または保護責任者遺棄致死罪（219条）が不真正不作為犯として成立することがある。但し、被害者を例えば病院へ運ぼうとしていったんは自分の車に乗せて走行した後、結局は事故の責任追及を恐れて途中で降ろして逃走したような場合に限られるとされる。そのような場合（排他性がある情況が生じた場合）にしか作為義務ないし保護責任を認めることができないからである。

　かつては、これらの罪が成立しない場合は、業務上過失致死傷罪が成立するのみであった。しかし、近年になって立法者は、交通事故の際の致死傷罪については矢継ぎ早やに手を打っている。

　まず2001年に危険運転致死傷罪（208条の2）が新設され、飲酒運転等の悪質な運転によって人を死傷させた場合を重く処罰することができるようになった。これを前提にして、飲酒運転によって事故を起こし死傷結果を発生させた場合、現場で逮捕されれば飲酒検査によって、208条の2第2項前段の罪が成立し最高15年もしくは20年の有期懲役が科されるのに対して、現場から逃走して飲酒検査を免れた場合は、業務上過失致死傷罪（最高5年）と道交法上の救護義務違反の罪（最高5年）だけが成立し（これは真正不作為犯である）、併合罪加重を加えても7年半の懲役が上限となってしまい、「飲酒ひき逃げ」というより悪質な類型の方が軽くなってしまうことがあり得る、という情況が生じた。2007年に自動車運転過失致死傷罪という、自動車運転による過失致死傷を一般的に加重する規定が置かれ、最高で7年の懲役、禁錮が規定された理由の1つはそうした「逃げ得」を許さないためであるとする見方もある。しかし、その直後、道交法上の救護義務違反の罪の法定刑が、被害者の死傷が当該運転者の運転に起因する場合について10年以下の懲役に引き上げられた（道交117条2項）。このように、交通上の死傷事故の刑事責任を巡っては、「刑罰インフレ」とも言うべき情況が生じている。こうした厳罰化はむしろ厳罰を恐れるが故のひき逃げを増加させているとの指摘もある。その後、これらの自動車運転関連犯罪のうち刑法典に置かれていたものは、「自動車の運転により人を死傷させる行為等の処罰に関する法律」という無駄に長い名前の法律にまとめて規定されることになり、現在に至っている。「懲役・禁錮」は「拘禁刑」に改められた。

［葛原力三］

7章　既遂結果が発生しない場合＝未遂

1　未遂犯とは

準備行為（予備）→「犯罪の実行に着手」（未遂犯）→法益侵害結果の発生（既遂犯）

殺人罪（199条）では「人を殺した」場合、即ち生命法益の侵害という結果が発生した場合に初めて行為者に刑罰が科せられるように、原則的に、刑法上処罰されるのは、犯罪を完遂した場合、正確に言えば、最終的な法益侵害結果＝既遂結果を発生させた場合である（これを**既遂犯**と呼ぶ）。しかし、こうした対応だけでは、刑法の目的たる法益保護（10章2節2）は十分に果たされ得ない。法益が侵害されなければ、法益保護のための対処ができないことになるからである。法益保護という目的を効果的に達成するためには、既遂結果が発生するよりも前の時点での刑法による対応が求められる。そこで、43条という規定が準備されている。

43条本文は、行為者が犯罪を「遂げなかった」、即ち完遂しなかった場合であっても、「犯罪の実行に着手」したと言える場合には、この行為者を処罰するとしている。即ち、43条は、既遂結果が生じていなくとも、「犯罪の実行に着手」したと言えさえすれば、犯罪は成立しているのだとして、行為者を処罰すると宣言しているのである。43条を根拠に、既遂結果が発生していなくとも処罰されるものを**未遂犯**と呼ぶ。なお、未遂犯と同様に、既遂結果が生じていなくとも処罰されるものとして**予備**があるが、これは「犯罪の実行に着手」するよりも以前の段階で処罰されるものであり、殺人罪や強盗罪のような極めて重い犯罪類型に限られている（例えば、201条・237条）。

2　実行の着手

> **事例7-1**　Ｘは、Ｖ宅から金品を盗もうと決意し、そのために必要な用具を
> インターネットショッピングサイトから購入した。その後、準備した用具を用
> いてＶ宅に侵入し、金品が置いてありそうなタンスに向かって歩を進め、タン
> ス内を物色し、タンスの中にあった現金を掴んだが、その時に家人に見つかっ
> たため、何も盗らずに逃走した。

1　実行の着手時期とは

　未遂犯の成否にとって重要なのは、いかなる場合に行為者が「犯罪の実行に着
手」したと言ってよいのかである。「犯罪の実行に着手」との文言から分かるよう
に、ここでは、犯罪行為が実行に移された時点、即ち、**構成要件該当行為**（実行
行為とも呼ばれる）**が開始された時点＝実行の着手時期**を探ることになる。

　事例7-1では、Ｘは窃盗罪（235条）に該当する行為を行ったものの、既遂結
果（＝財物の占有移転）を生じさせるには至っていない。よって、ここでは、こ
のＸの行為に窃盗罪の未遂犯が成立するか否かが重要であり、それは、果たし
てＸが窃盗罪の「実行に着手」したと言えるのか、いかなる時点から窃盗罪の
構成要件該当行為が開始されたのかを検討することによって明らかとなる。

2　実行の着手時期の特定方法

**実行の着手時期とは、構成要件該当行為に密接する行為であり、且つ既遂結果に
至る現実的な危険性のある時点である。**

　実行の着手時期を巡っては、現在では、形式的客観説と実質的客観説が重要
である。いずれも客観的に実行の着手時期を決する見解であるが、着目するポ
イントが異なる。

　形式的客観説は、条文の文言に着目し、極めて形式的に、即ち構成要件該当
行為の一部が開始された時点を実行の着手時期だとする。窃盗罪では、「窃
取」する、即ち財物の占有を移転するという行為が実際に開始されたことが要
求される。よって、**事例7-1**では、現金を掴む行為＝実行の着手時期とな

り、この時点で初めてＸの行為に窃盗未遂が成立することになる。形式的客観説の考えを厳格に貫くと、**事例7-1**では、盗もうとしている時点、例えばタンス内を物色する行為の時点でさえ、未遂犯は成立しないことになる。しかし、これでは、およそ既遂結果が発生する直前でしか未遂犯は成立しないということになりかねず、処罰の早期化による法益の効果的な保護を達成できない。そこで、現在では、一定の前倒しが容認されており、**構成要件該当行為に密接する行為**を開始した時点が実行の着手時期だとされる。但し、このように述べるだけでは、なぜ前倒しが可能であるのか、「密接する行為」が具体的に何であるのかは明らかでなく、処罰範囲を適切に画し得ない。

　これに対して、**実質的客観説**は、刑法の目的である法益保護を重視し、未遂犯の処罰根拠という実質的な理由に着目する。即ち、未遂犯の処罰根拠を**既遂結果に至る現実的な危険性**に見出し、これが認められる時点（平易に言い換えれば、法益が侵害されそうな時点）を実行の着手時期だとする。実質的客観説によれば、条文の文言という制限はなくなるから、既遂結果に至る現実的な危険性が認められる限り、実行の着手時期を前倒ししてよいことになる。但し、「現実的な危険性」がどの程度のものか明らかでなく、実行の着手時期の特定は困難となる。**事例7-1**では、窃盗罪の既遂結果たる財物の占有移転に至る現実的な危険性が認められる時点が窃盗罪の実行の着手時期となるが、タンス内を物色する行為の時点でも、タンスに向かって歩を進める時点でも、Ｖ宅に侵入する時点でも、更には、窃盗のための用具を準備した時点でも、そうした危険性は認められ得るので、いずれの時点も窃盗罪の実行の着手時期だと言い得てしまう。ここでは、実行の着手時期の無限定な前倒しを避けるための制限要素が求められる。

　罪刑法定主義に照らせば、条文の文言を離れるべきではなく、よって形式的客観説に依るべきであろう。その上で、「密接する行為」を具体化し、処罰範囲を適切に画するために、未遂犯の処罰根拠という実質的な側面にも着目すべきこととなる。あるいは、「現実的な危険性」を考慮することによる実行の着手時期の無限定な前倒しを避けるために、「密接する行為」にも着目すべきだと言ってもよい。即ち、形式的客観説及び実質的客観説のいずれの考え方も実行の着手時期の特定にとって重要であり、両見解は、それぞれの欠点を補い合

う相互補完関係にある。そうすると、実行の着手時期とは、**構成要件該当行為に密接する行為であり、且つ既遂結果に至る現実的な危険性の認められる時点**だということになる。例えば、住居に侵入後、金品を物色するためにタンスに近づく行為の時点（大判昭9・10・19刑集13巻1473頁）や、電気器具店に侵入後、なるべく早く現金を取りたいのでタバコ売り場の方に行きかけた時点（最決昭40・3・9刑集19巻2号69頁）が窃盗罪の実行の着手時期だとされているが、金品のある場所に近づかなければ「窃取」することはできず、金品のある場所に近づけば近づくほど財物の占有移転の危険性が増大することに鑑みれば、金品のある場所へ向かう行為は、窃盗罪の構成要件該当行為に密接する行為であり、且つ窃盗罪の既遂結果に至る現実的な危険性のある時点だと言える。このように見ると、**事例7-1**では、金品がありそうなタンスに向かって歩を進めた時点で、Xは窃盗罪の「実行に着手」したと言え、同時点でもって、Xは窃盗未遂として処罰されることになる。

事例7-2　事例7-1の事案を前提として
A　Xは、金品を盗むために、それがありそうな場所へと向かったが、何も盗らず逃走した。

↓　　　　　　　　　　↑

B　構成要件該当行為に密接する行為であり、且つ既遂結果に至る現実的な危険性のある行為をすれば、既遂結果を生じさせていなくとも未遂犯として処罰される。

↓　　　　　　　　　　↑

C　犯罪の実行に着手してこれを遂げなかった者は（43条本文）

3　不能犯

事例7-3　Xは、暗闇の中倒れているVを発見し、殺意をもって、持っていたナイフでVの腹部を数回刺突したが、Vは、既に数分前に死亡していた。

1　不能犯とは

　刑法の目的が法益保護にあり、刑法上、法益侵害結果＝既遂結果を生じさせる、あるいは生じさせる危険性のある行為のみが処罰されるのであれば、およそ法益侵害結果＝既遂結果を生じさせ得ず、その危険性もない行為は処罰されない。このように、結果を発生させる可能性が全くない＝「不能」な行為であり、刑法上不可罰とされるものを**不能犯**と呼ぶ。より正確には、行為者の意図した構成要件の実現が不可能な場合である。典型的には、非科学的な方法で呪い殺そうと思い呪文を唱えたが殺せなかった、というような場合である。また、殺意をもってナイフで刺したが、その時既に被害者は死亡していたという

サイドステップ：どのように既遂結果に至る現実的な危険性の有無が判断されるか？

　判例は、毒入り菓子を被害者に郵送したという事案において、毒入り菓子を発送した時点ではなく、それが被害者宅に到達し、それを被害者が飲食し得る状態になった時点で殺人罪の実行の着手が認められるとした（大判大7・11・16刑録24輯1352頁）。更には、ガソリンを散布する行為の時点で放火罪の実行の着手を認め（横浜地判昭58・7・20判時1108号138頁）、被害者をダンプカーの運転席に引きずり込もうとした時点で強姦罪（現在の強制性交罪）の実行の着手を認めている（最決昭45・7・28刑集24巻7号585頁）。これらの判例では、既遂結果に至る現実的な危険性を判断する際に、ほんの少しのアクションで結果が発生してしまうという意味で、結果の発生が目前に迫っていることが考慮されていると言える。

　最近では、結果発生に至るまでの障害の有無（結果発生の自動性）及び行為者の犯行計画も危険性判断において考慮すべきだとの主張も見られる（井田良『講義刑法学・総論〔第2版〕』(2018年、有斐閣) 435頁以下）。判例も、いわゆるクロロホルム事件（最決平16・3・22刑集58巻3号187頁）において、それらを考慮しているとされる。更に、行為者の犯行計画を考慮した上で、警察官を装って架電し嘘を述べた時点で詐欺罪の実行の着手が認められている（最判平30・3・22刑集72巻1号82頁）。但し、結果発生の自動性は、上記の意味での結果発生が目前に迫っているか否かの判断に解消されると考えられ、また、行為者の犯行計画は、既遂結果に至る現実的な危険性の有無ではなく、構成要件該当行為に密接な行為か否かの判断に関連する事情だとも考えられる。

ケースも、行為者の意図した殺人罪との関係で不能犯か否かが問題となる。

　43条により、既遂結果を生じさせていなくとも「犯罪の実行に着手」したと言える場合には処罰されることに照らせば、不能犯とは、「犯罪の実行に着手」したとすら評価されない場合である。即ち、未遂犯の処罰根拠という実質的な理由に照らせば、**可罰的な未遂犯か不可罰の不能犯かは、既遂結果に至る現実的な危険性の有無により決せられる**。問題は、どのようにして、この危険性を判断するかである。

2　不能犯における既遂結果に至る現実的な危険性の判断方法

不可罰の不能犯か可罰的な未遂犯かは、一般人を基準として判断される既遂結果に至る現実的な危険性の有無によって決まる。

　可罰的な未遂犯か不可罰の不能犯かの区別が問題となるケースは、呪い殺そうとするケースのように、その犯行手段では意図した構成要件を実現させることが不可能な場合（これを**方法の不能**と呼ぶ）や、殺意をもってナイフで刺したが既に被害者が死亡していたケースのように、行為客体が存在しないなどの理由により構成要件の実現が不可能な場合（これを**客体の不能**と呼ぶ）など、純粋に客観的に見れば、およそ既遂結果が発生しない場合がほとんどである。よって、可罰的な未遂犯か不可罰の不能犯かを区別する場合には、既遂結果に至る現実的な危険性は、仮定的な事情を考慮して判断されざるを得ない。

　一般人の視点という仮定的な事情を考慮して、既遂結果に至る現実的な危険性を判断するのが**具体的危険説**である。即ち、行為時点で一般人に認識できた事情（及び行為者が特に知っていた事情）に基づいて危険性の有無が判断される。**事例７-３**では、まず、一般人をして行為当時の倒れているVがどのように見えているかが判断され、仮に生きているように見えていたのであれば、この生きている（と仮定された）Vをナイフで刺突する行為について、既遂結果に至る現実的な危険性の有無が判断される。判例は、具体的危険説に親和的だと言われる。例えば、**事例７-３**に類似の事案では、「一般人も亦当時その死亡を知り得なかつたであろうこと」を根拠に殺人未遂罪が肯定され（広島高判昭36・7・10高刑14巻5号310頁）、「通行人が懐中物を所持するが如きは普通予想し得べき事

実（原文旧漢字カタカナ）」だとして強盗未遂罪が肯定されたり（大判大3・7・24刑録20輯1546頁）、「制服を着用した警察官が勤務中、右腰に着装している拳銃には、常時たまが装てんされているべきものであることは一般社会に認められている」ことを根拠に殺人未遂罪が肯定されたり（福岡高判昭28・11・10判特26号58頁）している。

　具体的危険説に対しては、一般人の危険感・不安感を基準とし、科学的視点を無視しているとの批判が向けられる。しかし、危険性の有無の判断それ自体まで一般人を基準になされているとは言い切れない。殺意をもって被害者に硫黄粉末を服用させても「殺害の結果を惹起すること絶対に不能（原文旧漢字カタカナ）」だとして不能犯だとされたり（大判大6・9・10刑録23輯999頁）、「静脈内に注射された空気の量が致死量以下であつても被注射者の身体的条件その他の事情の如何によつては死の結果発生の危険が絶対にないとはいえない」として殺人未遂罪が肯定されたり（最判昭37・3・23刑集16巻3号305頁）もしており、ここには科学的視点が含まれているはずだからである。

4　中止犯

> **事例7-4-1**　Xは、殺意をもってVをナイフで刺突したが、Vが「やめてくれ。お願いだ、助けてくれ」と命乞いするのを見て、Vへの攻撃を止めた。

1　中止犯の減免根拠

　43条但書によれば、行為者が「自己の意思により犯罪を中止した」ときには、**中止犯**が成立し、刑は必ず減軽または免除される。「必ず」刑が減軽または免除される（これを刑の**必要的減免**と呼ぶ）のは、一般的に、「犯罪を中止」することで**違法性**が減少し、且つ、それが「自己の意思により」行われるために**責任（非難可能性）**が減少するからだと説明される。しかし、中止犯は未遂犯の一種であり、犯罪としては成立していることに鑑みれば、違法性及び責任が完全に消滅することはなく、この考え方だけでは刑の免除まで説明できない。よって、刑の必要的減免には、そうした特典・褒賞を認めることで行為者に犯罪の中止を奨励し、もって結果発生という最悪の事態を防止するための**刑事政策的**

考慮もあるという側面も無視できない。

2　中止犯の成立要件

> 犯罪が完遂する前に、行為者が、任意で、結果発生を防止する措置を講じた場合、中止犯として刑が必ず減軽または免除される。

　中止犯が成立し、43条但書による刑の減免という褒賞を受けるためには、行為者が「自己の意思により」、犯罪が完遂する前に「犯罪を中止」することが求められる。中止犯が成立するためには、いずれの要件も充足されなければならない。

　(1)　**中止行為**　「犯罪を中止」するとは、犯罪の完遂を自ら阻止することである。このことから、犯罪が完遂していないこと＝未遂犯として成立していることは当然の前提となる。一般的に、法益侵害結果＝既遂結果の発生をもって犯罪は完遂したとされることに照らせば、「犯罪を中止」するとは、**結果発生を防止する措置を講じること**である。よって、いかなる措置を講ずべきなのかは、犯罪を中止する時点における結果発生の可能性に左右される。即ち、結果発生の可能性が低ければ、端的に犯行を中断する、実行行為を継続しないといった不作為で足り（東京高判昭62・7・16判タ653号205頁）、これに対して、結果発生の可能性が高ければ、それを阻止するために必要な積極的な作為（**真摯な努力**とも表現される）が要求されることになる（大阪高判昭44・10・17判タ244号290頁、福岡高判昭61・3・6高刑39巻1号1頁）。なお、結果発生を防止する措置は第三者の協力を得て行われてもよいが、行為者は、自らで結果発生を防止する措置を講じたのと同視できる程度の努力をなさなければならないとされる（大判昭12・6・25刑集16巻998頁）。

　事例7-4-1では、Xにいかなる中止行為が求められるのかは、Xの刺突行為によりVが負った傷害が、Vを死亡させる可能性の高いものであったか否かに左右される。即ち、それがVを死亡させる可能性の低いものであれば、Xは刺突行為を止めることで「犯罪を中止」したとされ、それがVを死亡させる可能性の高いものであれば、Xは刺突行為を止めるだけでなく、死亡結果の発生を防止する積極的な措置を講じて初めて「犯罪を中止」したとされる。

(2) **任意性**　「犯罪を中止」することは「自己の意思により」なされなければならない。即ち、行為者による**任意**の中止行為でなければ中止犯は成立しない。中止行為が任意でなされたか否かの問題は、本来的には行為者の主観に依存する。よって、行為者の動機に着目するのがストレートな理解であろう。例えば、悔悟の念（福岡高判昭29・5・29判特26号93頁）や被害者に対する同情・憐憫の情（福岡高判昭35・7・20下刑2巻7・8号994頁）を行為者が有していれば、中止行為の任意性は肯定される（こうした「広義の後悔」があるときに任意性が認められるとする見解を**限定主観説**と呼ぶ）。しかし、行為者の主観はおよそ追求不可能であり、それを推認するための手がかりとしても、客観的事情に着目せざるを得ない。

　例えば、制服を着た警察官が近くに居るときには万引きしようと思わないように、人間の意思形成は外部的事情の影響を受ける。そこで、**客観説**と呼ばれる見解は、行為者の認識した事情が一般経験則上犯行の障害になるか否か、言い換えれば、通常人であれば**犯行を思い止まる事情が存在**していたか否かに着目し、そうした事情が存在する場合には任意性を否定し、そうでない場合に任意性を肯定する。例えば、自己の犯行が発覚するような事情があったので犯行を中止しても、それは経験上一般に犯罪の遂行を妨げる事情であることを理由に任意性が否定され（大判昭12・9・21刑集16巻1303頁、東京地判昭43・11・6下刑10巻11号1113頁）、被害者が流血しているのに驚いて犯行を中止しても、その犯行の中止は犯罪の完成を妨害するに足る性質の障害に基づくとして任意性が否定される（最判昭24・7・9刑集3巻8号1174頁、最決昭32・9・10刑集11巻9号2202頁）。但し、被害者が流血しているのを見て驚愕し犯行を中止した場合であっても、直ちに警察や消防に電話をして救助を要請したり、止血したりするなどして、積極的に結果発生を防止する措置を講じている場合には、そうした措置を通常の犯罪者が講じるとは限らないと評価され、任意性が肯定され得る（東京地判平8・3・28判時1596号125頁、福岡高判昭61・3・6高刑39巻1号1頁）。また、周囲に人気がなく、被害者が既に全裸で抵抗もしていない状態で姦淫行為を中断した場合には、犯行を断念するのは稀有だと評価され、任意性が肯定され得る（浦和地判平4・2・27判タ795号263頁、大阪地判平9・6・18判タ976号254頁）。犯罪者の決断としては不合理だと評価できる事情があれば、任意性が肯定されやすいと言えよう。

事例 7 - 4 - 2

A　Xは、殺意をもってVをナイフで刺突したが、Vが「やめてくれ。お願いだ、助けてくれ」と命乞いするのを見て、Vへの攻撃を止めた。

B　行為者が、任意で、結果発生を防止する措置を講じた場合には中止犯とされ、刑が必ず減軽または免除される。

C　自己の意思により犯罪を中止したときは、その刑を減軽し、又は免除する（43条但書）。

　事例 7 - 4 - 2 では、Vの「やめてくれ。お願いだ、助けてくれ」との命乞いを受けて、Xが憐憫の情や悔悟の念を抱いたのであれば、Xの主観面に着目する限り、Xは「自己の意思により」犯罪を中止したとされる。もっとも、Xが憐憫の情や悔悟の念を抱いていたことを推認させる事情の存在も求められよう。例えば、周囲に人気がない状況で、誰にも犯行が発覚しないといった事情があれば（通常人は犯行を思い止まらなかったであろうとして）、あるいは、Xが、Vが大量に出血しているところを目撃しつつ、自ら警察や消防に電話をして救助を要請し、自らも止血等の救命措置を講じていたといった事情があれば（通常の犯罪者が講じる措置とは思えないとして）、Xは「自己の意思により」犯罪を中止したと認められやすくなる。その一方で、例えば、たまたま通行人や警察官が通りかかったとか、ナイフが刃こぼれしていたといった事情がある場合には、それは一般的に犯行を思い止まらせる事情だとされ、Xは「自己の意思により」犯罪を中止したと認められにくくなる。

[山下裕樹]

8章　犯罪に複数人が関与する場合：「共犯」現象

> **事例8-1-1**　Xの車に同乗していたYは、Vを発見して、Xに「チャンス
> だ、轢いてしまえ」と命じた。

1 「共犯」とは？

　複数人が犯罪に関与する場合、刑法上「共犯」が問題となる、と端的に言われることがある。ここでは、「共犯」という用語は、関与者各人にどのような形で責任を問うべきか、という意味で用いられている。しかし、「共犯」という用語が持つ意味は、それに限られない。例えば、犯罪を1人で遂行する場合を**単独犯**と呼ぶが、これとの対比で、複数人が関与して犯罪を遂行すること（＝**共犯現象**）を共犯と呼ぶこともある（この意味での共犯のことを「**広義の共犯**」と言う）。更には、実現した犯罪事実について一次的な責任を負う者（いわば犯罪における主役）のことを**正犯**と呼ぶが、これとの対比で、二次的な責任を負うにとどまる者（いわば犯罪における脇役）のことを共犯と呼ぶこともある（この意味での共犯のことを「**狭義の共犯**」と言う）。「共犯」という用語は、それが用いられている文脈に応じて理解されなければならない。

2 共犯の種類と成立要件

　わが国では、60条以下に、共犯処罰に関する具体的な規定がある。60条以下の共犯規定が適用される場合、関与者同士で役割分担がなされている事案に代表されるように、各関与者は、構成要件に該当する行為の全てを行っていなくとも処罰される（これに対して、単独犯の場合には、行為者は1人しかいないから、当然ながら、この1人の行為者が構成要件に該当する行為の全てを行う必要がある）。

この意味において、共犯は**処罰拡張事由**だと言われる。

　ある犯罪に複数人が関与する形式には、様々なものがある。刑法上重要なのは、**間接正犯、共同正犯**（60条）、**教唆犯**（61条）、及び**幇助犯**（62条）である。それぞれの詳細は後述の通りであるが、間接正犯及び共同正犯は、その名称に「正犯」との記載があるように、犯罪の遂行に複数人が関与するという意味で共犯であるが、一次的な責任を負う者として取り扱われる類型であり、教唆犯及び幇助犯は、正犯の犯罪遂行に関与する者で、二次的な責任を負う者である。よって、教唆犯及び幇助犯を指して「狭義の共犯」と呼ぶこともある。

1　間接正犯

(1)　間接「正犯」とは

間接正犯とは、他人を「道具」として利用して犯罪を実現する正犯のことである。

　間接正犯とは、自らが直接に犯罪行為を遂行することによってではなく、**他人を「道具」として利用する**ことによって犯罪を実現するが、自らが直接に犯罪を実現したと価値的に評価できる正犯のことである。典型的には、母親が幼児に指示して万引きをさせるというケースが挙げられよう。ここでは、少なくとも、「道具」として利用される者（直接実行者）とそれを利用する者（背後者）という2人以上が存在しており、複数人による犯罪実現であるという意味で、間接正犯も共犯の一種だと言うことができる。

　但し、間接正犯には、60条以下の共犯規定の適用はなく、また、直接実行者には何らの非難も向けられず、背後者（即ち間接正犯者）にのみ非難が向けられるという特殊性がある。この点に着目し、間接正犯を共犯の一類型だとは位置づけないという理解もあり得る。即ち、単独犯たる行為者が、犯罪を自らで直接に実行した場合を直接正犯と呼び、これに対して、他人を使って間接的に実行した場合を間接正犯と呼ぶという整理も可能である（山口厚『刑法総論〔第3版〕』（有斐閣、2016年）67頁以下）。いずれにせよ、間接正犯者にのみ帰責される点では異ならない。

(2) 背後者の正犯性──「他人を道具として利用する」

> **直接実行者が背後者の「道具」となるのは、直接実行者が規範障害とならない（あるいは、背後者に行為支配がある）場合である。**

　背後者に間接正犯が認められるためには、**背後者が直接実行者を「道具」として利用している**ことが必要であるが、それは、犯罪の遂行が直接実行者の「自由」な意思決定に基づいていないということを意味する。このことは、直接実行者が自らに向けられている規範を適切に認識した上で自らの行動を選択する余地がないという意味で、直接実行者は**規範障害**とならないとも表現される。あるいは、背後者が事象経過をコントロールできるという意味で、背後者が**行為支配**を有すると表現されることもある。いずれにせよ、この場合、直接実行者は、いわば背後者の意のままに動く操り人形に過ぎず、よって、直接実行者が犯罪を実現したのではなく、むしろ背後者が「自らで」犯罪を実現したと評価される。この点に、背後者が「正犯」としての責任を負い、直接実行者に何らの非難も向けられない理由がある。

　(a)　**責任無能力者の利用**　　間接正犯が認められる典型例は、背後者が**責任無能力者を利用**して犯罪を実現する場合である。責任無能力者は、是非弁別能力や行動制御能力に欠け（責任能力については、5章5節参照）、自らに向けられた規範を適切に認識した上で自らの行動を選択することができないがゆえに、規範障害とならないからである。これを、責任無能力者は背後者の思惑通りに行動するという点を強調すれば、背後者に行為支配があると表現してもよい。但し、直接実行者が刑事未成年者の場合は、少なくとも12歳に達していれば、是非弁別能力も行動制御能力も備えているとされており（最決昭58・9・21刑集37巻7号1070頁）、背後者が直ちに間接正犯となるわけではない。12歳の長男に強盗を指示した母親について、間接正犯ではなく、共同正犯が認められたケースもある（最決平13・10・25刑集55巻6号519頁）。

　(b)　**直接実行者の心理的な強制状況の利用**　　また、背後者が、直接実行者を**心理的に強制された状態**に置き、これを利用して犯罪を実現する場合にも、間接正犯が認められる。典型的には、背後者が直接実行者の頭部にピストルを突きつけて犯罪を行うよう命令するようなケースである。この場合、直接

実行者は、背後者によって**意思を抑圧**されており、自らに向けられている規範を適切に認識してはいるものの、自らの行動を選択する余地がなく（この状況は「期待可能性がない」とも表現される）、よって規範障害とならないと評価できるからである。これは、心理的強制状況に置かれた直接実行者は背後者の思惑通りにしか行動できないという点を強調すれば、背後者に行為支配があると表現できよう。例えば、被害者（自殺の直接実行者）に激しい暴行や脅迫を加えて強い恐怖心を抱かせた上で自殺を命じた場合について、背後者に殺人罪の間接正犯が認められている（最決平16・1・20刑集58巻1号1頁）。

　(c)　**直接実行者に故意がない場合**　　更に、自らが行っている犯罪についての故意を有していない直接実行者を利用する場合にも、間接正犯を肯定できるとされている。例えば、医師が情を知らない看護師に毒薬を治療薬として交付し、それを看護師が患者に投与するような場合（直接実行者の過失行為を利用する場合）や、真実は人であるのに人形だと偽って射殺させるような場合（直接実行者の錯誤を利用する場合）である。いずれのケースでも、直接実行者は真実を知らず、ゆえに直接実行者には思い止まるきっかけがなかったのだという点を強調すれば、直接実行者は、自らに向けられている規範を適切に認識できていないのであり、よって規範障害とならないと評価し得る。同様の観点から、直接実行者が真実を知らなければ、背後者の思惑通りに事が進む可能性が高いという点に鑑みて、背後者に行為支配があると表現してもよいであろう。

　一方で、直接実行者の過失行為を利用する場合について、慎重に行動していれば気がついたのに注意しなかったという心理状態が過失であることに照らせば、直接実行者に思い止まるきっかけがなかったとまでは言い難く、また、直接実行者の錯誤を利用する場合についても、直接実行者に別の犯罪の故意がある（人形だと思っていた事案では、器物損壊罪の故意自体は存在する）限りでは、その犯罪との関連で直接実行者に思い止まるきっかけは存在していたはずだと考えられよう。その場合、直接実行者が規範障害にならないとは言えないことになる。責任無能力者ではない、あるいは心理的な強制状況に置かれていない者の行動をコントロールすることは事実上困難であると考えるならば、背後者に行為支配があるとも言えなくなる。このように考える場合には、いずれのケースでも、背後者に間接正犯は認められないことになる。

> **事例 8 - 1 - 2**
>
> A　Xの車に同乗していたYは、Vを発見して、Xに「チャンスだ、轢いてしまえ」と命じた。

↓　　　　　　　　　　　　↑

> B　責任無能力者や心理的な強制状況に置かれている者といった「道具」を利用して犯罪を実現した者は、間接正犯とされる。

　事例 8 - 1 - 2において、YにXを「道具」として利用した間接正犯が認められるか否かは、Xが規範障害となるか否か、別の言い方をすれば、Yが行為支配を有しているか否かに左右される。さしあたり、Xが責任無能力者である、あるいはYがXを心理的強制状況下に置いているといった事情があれば、YにXを利用した間接正犯が認められることになろう。

2　共同正犯

(1)　共同正犯とは

> 共同正犯として処罰される場合、各関与者は、他の関与者が担当した部分も含めて、実現された犯罪全体に対する責任を負う。

　共同正犯に関する規定である60条は、「2人以上共同して犯罪を実行した者は、すべて正犯とする。」としている。「正犯」としての責任とは、通常、全ての構成要件要素を単独で実現する単独犯の責任、つまり実現した犯罪事実の全てに対する責任だと理解されている。よって、60条は、複数人が役割分担をして犯罪を遂行し、それぞれが何らかの形で犯罪の一部分にのみ関与しているような場合であっても、各関与者は、自らが分担した役割に応じた責任ではなく、実現した犯罪事実の全てに対する責任を負うことになるのだと宣言しているのである。これは、**一部実行全部責任**と呼ばれ、共同正犯に固有の特徴である。

　共同正犯には、実行共同正犯と共謀共同正犯がある。実行共同正犯とは、構成要件該当行為（実行行為とも呼ばれる）の一部を分担し、自ら実行している関与者に認められる共同正犯のことである。これに対して、**共謀共同正犯**とは、

構成要件該当行為の一部を分担し自ら実行するという形で関与していないが、「共謀」には関与している関与者に認められる共同正犯である。「犯罪を実行した」とは、各関与者がそれぞれ少なくとも構成要件該当行為の一部を実行することだと考える場合、共同正犯として認められるのは実行共同正犯のみだということになる。しかし、実務上、古くから、構成要件該当行為の一部を実行していない者について、（共謀）共同正犯の成立が認められており（大判明44・10・6刑録17輯1618頁）、現在では、共謀共同正犯を否定する見解はほとんど見られない。関与者の誰か1人でも構成要件該当行為を実行していれば「犯罪を実行した」との文言に該当する、との理解が一般的となっている。なお、実行共同正犯と共謀共同正犯の区別は、後述するように、現在では、ほとんど意味がないと言ってよい。

(2)　**共同正犯の成立要件**　共同正犯において、各関与者につき、犯罪の一部分にのみ関与するにもかかわらず犯罪事実の全体に対する責任が問われるのは、「共同して犯罪を実行」している点、即ち、各関与者が影響力を及ぼし合い、互いに足りない点を補い合いながら犯罪を実現している点に求められる。言い換えれば、各関与者は、それぞれ他の関与者の手足となり、協力し合って犯罪を実現しているからである。このことから、共同正犯が認められるためには、各関与者が、他の関与者の手足として協働していると評価できる程度の影響力を行使していること、**犯罪実現のために必須となる寄与を果たしていること**が求められることになる。

(a)　正犯性

犯罪実現にとって「重要な役割」を果たしている者は、共同「正犯」だと評価される。

現在では、各関与者が犯罪実現のための必須の寄与を果たしていることは、当該関与者は「重要な役割」を果たしている、と表現されることが多い。そして、それは、犯罪の実現にとっての「重要な役割」だと言えればよいから、犯行計画の立案や犯行の指示・命令等、構成要件該当行為の一部を担っていない場合でも「重要な役割」を果たしたと評価され、共同正犯の成立が肯定され得る。よって、共同正犯の成立にとって、各関与者が構成要件該当行為の一部を実際に分担し実行したかは重要ではなく、実行共同正犯と共謀共同正犯の区別

は、もはや意味を持たないといってよい。更に、狭義の共犯（及び間接正犯も含めて）、特に教唆犯として処理し得る事案のほとんどが共謀共同正犯として処理できることになる。逆に言えば、ある関与者が「重要な役割」を果たしていない場合に、狭義の共犯の成立を検討することになる。即ち、「重要な役割」の有無は、共同正犯と狭義の共犯の区別基準となる。

判例は、特に最高裁は、共同正犯と狭義の共犯の区別について、関与者が「重要な役割」を果たしたか否かではなく、犯罪を「**自己の犯罪として**」遂行する意思であったか否かに言及することが多い。もっとも、ある関与者が「自己の犯罪として」遂行する意思であったか否かは、結局のところ客観的な事情から推認されざるを得ず、ゆえに、実際の判断においては、ほとんどの事案において、「重要な役割」を果たしていれば「自己の犯罪として」遂行する意思があると推認できるとの関係が成り立っている。

いかなる場合に関与者が「重要な役割」を果たしていることになるのかは、ケースバイケースであるから、諸般の事情を総合的に考慮して決するしかないが、当該関与者が構成要件該当行為の一部を分担しているか否かは重要視される。その寄与がなければ犯罪の実現は非常に困難だった、ほとんど不可能だったであろうと言いやすいからである。もっとも、共謀共同正犯の処罰が一般的に承認されるに至っていることから明らかなように、構成要件該当行為の一部を分担していない場合にも、関与者が「重要な役割」を果たしていたと評価される。その場合に考慮すべき要素を全て挙げることは不可能であるが、代表的には、関与者同士の関係、援助行為の有無や犯罪により得た収益・成果を受け取ったか否かといった事実が考慮されている。例えば、暴力団の組長といった絶対的な立場にあること（最決平15・5・1刑集57巻5号507頁）や、犯罪実現のための資金援助をした上で、犯罪により得た収益をもらい受ける約束をしていた場合（最決昭57・7・16刑集36巻6号695頁）に、当該関与者は「重要な役割」を果たしていると評価されている。

　(b)　意思連絡

関与者間での意思連絡がなければ、共同正犯だとは評価されない。

共同正犯の成立にとって、各関与者が犯罪実現のために必須となる寄与を果

たしていることが決定的であるならば、そうした寄与の存在を肯定できる協力
関係が客観的に存在してさえいれば、(そして、各関与者が他の関与者の寄与を認
識していれば、)「共同して犯罪を実行」したと言ってよいはずである(こうした理
解は**行為共同説**(13章1節2)に通ずる)。しかし、伝統的には、「共同して犯罪を
実行」したと言えるためには、それだけでなく、遂行する犯罪に関する関与者
間での合意形成、即ち**意思連絡**も必要だとされている。共同正犯は1つの犯罪
を共同実行するものであり、各関与者に成立する犯罪の罪名は同じでなければ
ならないことを強調するのであれば(こうした理解は**犯罪共同説**(13章1節2)に通
ずる)、共同正犯の成立に意思連絡は必要だと解することとなろう。更に、関
与者間における意思連絡があれば、それによって直ちに関与者間の協力関係及
び相互的な影響力の存在を肯定できることになる。

　なお、共同正犯の成立要件として意思連絡も要求する場合、ある関与者が他
の関与者との間で意思の連絡なく犯罪実現にとって必須の寄与を果たしたとし
ても、共同正犯は認められないことになる。つまり、**片面的共同正犯**(13章1
節2(1))という形式は否定される。これに対して、意思連絡という要件は不要
だと解する場合、各関与者は、それぞれ他の関与者の寄与も用いて(この意味
で「共同して」)犯罪を実現すると考える、つまり全ての共犯現象をいわば同時
犯と見ることとなるから、片面的共同正犯という形式が肯定される。

　　(c)　**共　謀**　共同正犯の成立要件の1つである意思連絡を、「**共謀**」と
呼ぶことがある。裁判例によっては、意思連絡=「共謀」と理解されているこ
ともあるが、伝統的には、「共謀」とは単なる意思の連絡を超えたものであり
(東京高判昭52・6・30判時886号104頁)、実行行為を自らで遂行していない関与者
の共同正犯としての責任(即ち、「重要な役割」)をも基礎づけるものだと理解さ
れている(最大判昭33・5・28刑集12巻8号1718頁)。

　こうした共謀は、「謀議」とも呼ばれるように、典型的には、関与者が事前
に一定の場所に集まって、犯行の具体的内容を協議するような形で行われる
が、それは犯行現場で行われてもよく(最判昭23・12・14刑集2巻13号1751頁)、ま
た、数人が順次連絡する形で行われる順次共謀という形でも構わない(前掲最
大判昭33・5・28)。更には、言語的なコミュニケーションによる明示の意思表示
すら不要であり、いわば関与者同士の阿吽の呼吸のような黙示の共謀でもよい

とされる（最判昭23・11・30集刑 5 号525頁、前掲最決平15・5・1 ）。

事例 8 - 1 - 3

A　Xの車に同乗していたYは、Vを発見して、Xに「チャンスだ、轢いてしまえ」と命じた。

↓　　　　　　　　　　　　　　↑

B　他の関与者と意思の連絡をし、且つ犯罪実現にとって「重要な役割」を果たしている（＝「自己の犯罪として」犯罪を実現している）者は、共同正犯とされる。

　判例・通説の理解に従えば、**事例 8 - 1 - 3** では、YとXの間に意思連絡があり、且つYがVを車で轢く行為につき「重要な役割」を果たしている場合には、Yは共同正犯だと評価される。Yが「重要な役割」を果たしているかどうかは、具体的事情に左右される。例えば、Yが暴力団の組長であり、Xがその組員であるような場合や、Vを轢き殺すことによってYに多額の保険金が入るといった事情があるような場合、あるいはYとXがV殺害について事前に入念な計画を立てていた（＝「共謀」があった）というような場合には、Yは「重要な

サイドステップ：意思連絡と「共謀」

　近年では、特に下級審判例では、共同正犯の成立要件としての意思連絡が「共謀」とも表現され、両者が同一視されていることが多い。両者を区別せずに記述する基本書も見られる。確かに、狭義の共犯においても意思連絡は存在する（例えば、犯罪を教唆されて正犯者が犯罪を決意することは、教唆者と正犯者との間の意思連絡だと言える）ことに照らして、その意味における意思連絡と共同正犯の成立要件たる意思連絡を区別するために、後者を「共謀」と表現することは可能であろう。但し、本来的には、最高裁判例を見る限り、「共謀」は正犯性要件との関連で、特に共謀共同正犯の正犯性を基礎づける事情として取り扱われてきたものであり、意思連絡とは区別されているはずである。こうした事情に照らして、学習に際しては、「共謀」という用語の使われ方に注意を払う必要がある。

役割」を果たしており、その犯罪を「自己の犯罪として」実現していると言えるから、共同正犯だということになる。

3　教唆犯

(1)　教唆犯とは

犯罪意思のなかった者に犯罪を決意させた者は、教唆犯として処罰される。

　教唆犯に関する規定である61条は、「人を教唆して犯罪を実行させた者には、正犯の刑を科する。」としている。教唆犯に「正犯の刑を科する」とされているのは、かつて教唆者は犯罪の発起者であり、直接実行者である正犯と当罰性において異ならないと考えられていたからである。但し、現行法上は、あくまで「正犯の刑を科する」のみであり、また、拘留または科料のみを法定刑とする罪の教唆は処罰されない（64条）から、「正犯」と同等だとは考えられておらず、よって二次的な責任を負うにとどまると理解される。

　「**教唆**」とは、他者に犯罪を**決意させ**、実行させることである。よって、被教唆者が未だ犯罪を決意していないこと、及び、教唆行為によって被教唆者に犯罪を実行する意思が生じたという因果関係が要求される。このことから、既に犯罪を決意している者に犯罪をするようそそのかしても、教唆犯は成立せず、せいぜい幇助犯が成立するにとどまる。また、教唆行為としては、被教唆者に犯罪を決意させるに適した行為であればよく、明示的な指示・命令等だけでなく、黙示によるものでも構わない。

　既に述べたように、被教唆者（＝犯罪の直接実行者）に指示・命令等をする者のうち、それを「道具」として利用する者は間接正犯として処罰される。そうでなくとも、その指示・命令等が犯罪の実現にとって「重要な役割」を果たしていると評価されれば、この者は共謀共同正犯として処罰される。よって、間接正犯もしくは共謀共同正犯として処罰されない場合にのみ教唆犯として処罰されることになるから、そのカバー範囲は極めて限定される。

事例 8 - 1 - 4

A　Xの車に同乗していたYは、Vを発見して、Xに「チャンスだ、轢いてしまえ」と命じた。

↓　　　　　　　↑

B　他者に犯罪を決意させ実行させた者（その中で、間接正犯および共謀共同正犯として処罰されない者）は、教唆犯とされる。

　事例 8 - 1 - 4 において、Yに教唆犯が成立するのは、YがXを「道具」として利用しておらず、またYが「重要な役割」を果たしていない場合であり、且つXにVを車で轢くことを決意させた場合である。Xが当初からVを轢くつもりだったのであれば、Yに教唆犯は成立せず、後述の幇助犯の成否を検討することになる。

　(2)　**教唆の故意**　38条1項における「特別の規定」が存在しないので、過失による教唆は処罰されず、教唆犯は故意犯のみである。教唆犯の故意としては、教唆行為自体に関する故意（被教唆者に犯罪を決意させていることに関する認識）だけでなく、正犯者の行う構成要件該当行為に関する故意（これに関しては、正犯者が構成要件該当行為に着手することの認識・予見では足りず、正犯者による既遂結果の発生の認識・予見まで必要とされる。この点は、共犯の処罰根拠（13章1節1及び208頁サイドステップ）に関連する。）も必要とされる。なお、一般的には、おとり捜査に代表される未遂の教唆あるいはアジャン・プロヴォカトゥール（13章1節2(2)）と呼ばれる事例群では、既遂結果は絶対に発生しない、あるいは正犯者の犯行を確実に阻止し得ると考えている教唆者は、既遂結果が発生することの予見すらないから、教唆の故意に欠け、不可罰になるとされる。

　(3)　**間接教唆・再間接教唆**　61条2項は、教唆者を教唆すること、つまり**間接教唆**も教唆犯として可罰的だとする。61条2項における「教唆者」に教唆者を教唆した者も含まれるか、つまり、教唆者を教唆した者を教唆すること（これを**再間接教唆**と呼ぶ）も61条2項により可罰的となるかについては争いがある。判例のように、教唆者を教唆した者も「教唆者」に変わりないと形式的に当てはめれば（大判大11・3・1刑集1巻99頁）、再間接教唆も可罰的だということになろうが、このやり方は、無限に教唆犯を認めることにつながる。

4 幇助犯

(1) 幇助犯とは

> 正犯者による犯罪の実現（＝法益侵害結果の発生）を助長・促進した者は、幇助犯として処罰される。

　幇助犯に関する規定である62条1項は、「正犯を幇助した者は、従犯とする。」としている。このことから、幇助犯を従犯と表現することもある。従犯の刑は、正犯の刑よりも必ず軽くなるから（63条）、それは、二次的な責任を負うにとどまるとされる。

　「幇助」とは、「他人の犯罪を容易ならしむる」行為である（最判昭24・10・1刑集3巻10号1629頁）。共犯の処罰根拠につき因果的共犯論を前提とするならば、「他人の犯罪を容易」にしたとは、法益侵害結果（＝既遂結果）の発生を容易にしたことを意味することになる。よって、幇助行為とは、**結果発生を助長・促進する行為**である。幇助行為の形態に制限はなく、現金や毒薬や凶器等を提供するといった有形的な助長・促進行為（これを**物理的幇助**と呼ぶ）でも、激励や犯罪意思の強化といった無形的な助長・促進行為（これを**精神的幇助**と呼ぶ）でも構わない。更には、正犯者の犯行を止めなかったという不作為による幇助もあり得るとされる（札幌高判平12・3・16判タ1044号263頁）。

　可罰的な幇助行為としては、結果発生を助長・促進する行為であれば足りる。よって、正犯者が実行に着手する以前だけでなく、実行に着手した後でも、既遂結果が発生するまでの間に結果発生を助長・促進する行為をすれば、それは幇助行為として可罰的である（なお、正犯者による実行の着手後の幇助行為につき、いわゆる承継的従犯と呼ばれる場合には、その罪名に関し、承継的共同正犯（13章2節2）と同様の問題が生ずることになる）。更に、幇助行為が結果発生を助長・促進したという関係がありさえすればよいから、関与者間の意思連絡の存在は幇助犯の成否にとって重要でない。つまり、**片面的幇助**も処罰される（大判大14・1・22刑集3巻921頁）。

　構成要件該当行為の一部を分担していない者も共同正犯として処罰されること、及び「重要な役割」を基準として共同正犯と幇助犯が区別されることに照らせば、両者の区別は微妙なものとならざるを得ない。但し、片面的共同正犯

を否定する判例の立場からは、関与者間の意思連絡が存在していない場合には、たとえ「重要な役割」を果たしたと評価し得る程度の寄与が果たされていたとしても、それには幇助犯しか成立しないことになる。

　なお、幇助犯も、教唆犯と同様に故意犯のみであり、その成立には、幇助行為自体に関する故意と正犯者の行う構成要件該当行為に関する故意が必要となる。

(2)　幇助の因果関係

> 幇助犯の成立には、幇助行為によって結果発生が助長・促進されたという因果関係が必要であるが、その立証が困難な場合は多い。

　上述したように、共犯の処罰根拠につき因果的共犯論を前提とする場合、幇助行為と結果との間に因果関係があることが要求される。但し、犯罪実現にとって不可欠の寄与であれば共同正犯が成立することからすれば、幇助行為が結果発生にとって不可欠であることまでは要求されない（大判大 2・7・9 刑録19輯771頁）。一般的に、幇助行為によって結果発生が助長・促進されたという関係で幇助の因果関係としては足りるとされる。物理的幇助だけでなく精神的幇助も認められることに照らせば、幇助行為によって結果発生が早められた、あるいは結果発生の可能性が高まったという物理的な助長・促進関係だけでなく、結果発生へと動機づけられたという心理的な助長・促進関係でも、幇助犯における因果関係としては十分だということになる。但し、そうした助長・促進関係の存在が立証可能なのかという問題がある。

　物理的な助長・促進関係は、比較的立証されやすいと言える。例えば、住居侵入窃盗をしようとする正犯者に合鍵を渡すという物理的幇助によって、住居への侵入時間が短縮されるから、行為者が合鍵を持っていなかった場合よりも、窃盗罪の既遂結果（＝占有移転）の発生は早められると想定できるし、ナイフで人を殺害するつもりであった正犯者に睡眠薬を渡すという物理的幇助によって、睡眠薬が実際に使用された場合ではあるが、より確実に殺害行為が遂行され得ることになるから、殺人罪の既遂結果（＝人の死）の発生の可能性は高められると想定できる。また、正犯者に犯行方法を助言するという精神的幇助によっても、それが正犯者の犯行態様を変更するものであれば、既遂結果の発

生の可能性が高められたと想定できよう。

　これに対して、心理的な助長・促進関係の立証は困難である。こうした因果関係の存否が問題となるケースとしては、例えば、正犯者を激励する場合が挙げられるが、ここでは、純粋に正犯者に対する心理的な影響力のみが問題となり、これを科学的に証明することはできないからである。せいぜいのところ、社会通念上という観点から見て、幇助行為によって結果発生へと動機づけられたと「見てよい」といった「了解」を与えることができるに過ぎない。心理的な助長・促進関係の存在でもって幇助犯の成立を肯定するのであれば、この程度の立証で満足するしかないと思われる。

　また、例えば、正犯者に武器等を渡したものの正犯者がこれを実際に使用しなかった場合のように、一見して物理的幇助の形式であっても、心理的な助長・促進関係の存否が問題となることもある。この場合、物理的な助長・促進関係が否定されるとしても、当該武器の存在によって正犯者が勇気づけられ、結果発生が助長・促進されたと「了解」できれば、幇助犯の成立は肯定され得る。但し、そのためには、最低限、正犯者が当該物理的幇助を認識していることが求められよう。例えば、正犯者が被害者を殺害する予定であった地下室に防音のために目張り等をしたものの、正犯者がこの部屋を使用しなかった事案について、物理的な助長・促進関係が否定されただけでなく、正犯者が地下室の目張り等を認識していたとは言い難いことを理由に、心理的な助長・促進関係も否定され、幇助犯の成立が否定されている（東京高判平2・2・21判タ733号232頁）。

> **事例8-1-5**
> A　Xの車に同乗していたYは、Vを発見して、Xに「チャンスだ、轢いてしまえ」と命じた。

$$\downarrow \qquad\qquad\qquad \uparrow$$

> B　（既に犯罪を決意している）他者の犯罪実現を助長・促進した者は、幇助犯とされる。

　事例8-1-5においては、Yに間接正犯や共同正犯あるいは教唆犯が成立し

ない場合に、YのXの行為に対する幇助犯の成否を検討することになる。Yの
「チャンスだ、轢いてしまえ」との発言は、物理的に結果発生を助長・促進す

サイドステップ：中立的行為による幇助

　例えば、ホームセンターの従業員が、目の前の客が犯罪に利用することを知りつつ包丁を販売した場合や、タクシーの運転手が、これから銀行強盗に入ることを知りつつ乗車している客を銀行まで送り届けた場合のように、日常的な業務行為として一般的に認められている行為によって結果発生が助長・促進されたという関係があり、その点に関する故意を行為者が有している場合に、当該日常的業務行為を幇助犯として処罰すべきかという問題がある。この問題は、それ自体が犯罪性を有していない価値中立的な行為にも幇助犯を成立させるべきかという意味で、**中立的行為による幇助**と呼ばれる。

　こうした価値中立的な行為にも幇助犯を成立させるべきだと感じられるのは、行為者が結果発生を助長・促進しているということを知っているからであろう。この点を強調すれば、いかに価値中立的な行為であれ、行為者の故意に従って幇助犯の成否を検討すべきだということになる。そのバリエーションの１つとして、行為者が確定的故意を有する場合には幇助犯の成立を認めるという考え方がある。

　これに対して、行為者がいかなる故意を有していても幇助犯の成立が否定される場合が存在するはずだと考えるならば、日常的な業務行為として行われた行為の客観的性質に着目すべきことになる。例えば、その行為の有用性と危険性を比較衡量して、危険性の方が大きい場合に幇助犯を認めるとする考え方や、通常の業務行為の範囲を逸脱していないかに着目する考え方がある。要するに、これらの考え方では、問題となっている行為が、もはや「中立的」ではなく、むしろ犯罪的である場合に幇助犯の成立が認められる。

　例えば、いわゆるWinny事件では、それ自体が適法な用途にも違法な用途にも使用可能な価値中立的なソフトを提供する行為について、著作権法違反罪の幇助犯が成立するには、（不特定多数人によって）著作権侵害に利用される一般的可能性を超える具体的な侵害利用状況が必要であり、また、そのことを提供者においても認識、認容していることが必要だとされた（最決平23・12・19刑集65巻９号1380頁）。ここでは、さしあたり、行為の客観的性質として、もはや「中立的」な行為とは言えないことが要求されている。

るものではないことに照らせば、（既に犯行を決意している）XをYが精神的に幇助したと言える場合に、Yに幇助犯が成立することになる。そしてそれは、Yの「チャンスだ、轢いてしまえ」との発言が、社会通念上結果発生を助長・促進したと「見てよい」か否かに左右される。なお、この場合、YとXの関係も考慮されることになろう。我々の一般的な感覚からして、近しい関係であればあるほど、心理的な影響力を及ぼしていると「了解」し得るからである。

3　共犯の諸問題

1　共犯と身分

真正身分犯に身分のない者が加功した場合は真正身分犯の共犯となり、不真正身分犯に加功した場合には原則的に各人の身分に応じた犯罪が成立する。

　身分犯（4章2節）としては様々なものがあるが、これに共犯が絡むとやや複雑な問題が生じて来る。まず、次のような事例はどうなるだろうか。

　事例8-2　A市の公共事業を担当する部署の職員であるXは、公務員ではない知人Zから唆され、公共工事の発注を巡って工事業者Yから現金を受領した。

　収賄罪（197条以下）は明確に「公務員が」と主体を限定している**真正身分犯**であって、**事例8-2**のXは公務員であってこれに該当することから収賄罪が成立するが、他方、Zは公務員ではないため、単独でこの構成要件を充足することはできず、またZの行為は贈賄にも当たらない。そこで刑法は、収賄行為に関与した非公務員も処罰の対象とするため、総則65条に次のような規定を置いている。

　1項「犯人の身分によって構成すべき犯罪行為に加功したときは、身分のない者であっても、共犯とする。」
　2項「身分によって特に刑の軽重があるときは、身分のない者には通常の刑を科する。」

この規定は一般に、1項が、**当該身分があることによって初めて犯罪となる真正（構成的）身分犯**に関する共犯規定、2項が、**身分がなくとも犯罪ではあるが、身分によって法定刑が加重・減軽される、不真正（加減的）身分犯**に関する共犯規定であるとされている。

そのように理解すると、収賄罪に関与した公務員ではないZも、この規定を適用することにより、収賄罪の共犯とされることになる。

事例8-3 賭博の常習者であるXと、これまで賭博の経験のないYが、野球賭博に参加した。

賭博行為自体、元々犯罪ではあるものの、行為者に常習性がある場合にはより重い法定刑が規定されていることから、常習賭博罪は単純賭博罪との関係では、不真正身分犯である。従って、65条2項により、**事例8-3**のXには常習賭博罪（186条1項）が成立するのに対し、Yには単純賭博罪（185条）が成立することになる。

ただ、このような理解は文言には忠実であるものの、「なぜ、真正身分犯の場合は身分が連帯的に作用し、不真正身分犯の場合には個別化が認められるのか」という指摘に明確に答えることができないという点で批判されてきた。

そこで、別の見解は、1項はあらゆる身分犯について共犯成立の問題を、2項は不真正身分犯について科刑の問題を規定したものであるとする。判例にも、業務上横領罪について、業務者の横領に関与した、非業務者である非占有者に対し、1項で重い業務上横領の罪の成立を認めつつ、2項により、軽い方の単純横領罪の刑が科されるとしたものがある（最判昭32・11・19刑集11巻12号3073頁）。このような結論は、業務者ではない占有者が横領に関与した場合に単純横領罪が成立することとのバランスを考慮したものであると言えるが、成立する犯罪が科刑の前提となるにもかかわらず、なぜ不真正身分犯の場合には罪名と科刑を分離することが認められるのか、という疑問が提起されている。

これに対し、**身分が行為の違法性に関わる場合**には、1項によって非身分者にも身分が連帯的に作用し、**身分が責任に関する場合**には2項を適用して個別的作用を認める規定である、と解する説もある。この見解は、法益侵害は全ての関与者にとって同じであって、正犯の違法は共犯にも連帯的に作用するか

ら、身分犯の問題もそこから根拠づけられる、と共犯の従属性との問題とする。

　なお、65条1項にいう「共犯とする」の「共犯」の意義の理解として、判例や通説においては共同正犯も含むものとされているが（大判大4・3・2刑録21輯194頁、大判昭9・11・20刑集13巻1514頁）、非身分者は真正身分犯の正犯にはなれない、と理解し、ここにいう共犯とは狭義の共犯のみを指す、と考える見解もある。

事例8-4　賭博の常習者であるXが、これまで賭博の経験のないYの賭博行為を手助けした。

　この事例の場合、Yは単純賭博罪の正犯となるが、Xの罪責につき、判例では、「反復して賭博を為す習癖が発現」した場合には、65条2項の趣旨により、常習賭博罪の幇助になるとしている（大判大3・5・18刑録20輯932頁）。ただ学説では、正犯に対する共犯の従属性や二次的責任を重視し、単純賭博罪の幇助と考えるものもある。

　また、65条にいう「身分」とは、公務員や常習者といった地位や状態だけではないとされ、例えば、事後強盗罪における「窃盗犯人」も65条にいう身分に当たる、とした裁判例がある（大阪高判昭62・7・17判時1253号141頁では真正身分犯との理解が示されている）。こうした理解からは、「窃盗犯人」ではない者が暴行脅迫行為に関与した場合も、65条を適用することによって事後強盗罪という身分犯の共犯の成立が認められることになる。

　更に、裁判例では、麻薬輸入罪にいう営利目的などの目的も身分に含まれるとされており、営利目的をもって麻薬を輸入した者には営利目的麻薬密輸罪が成立するが、自ら営利目的のない者には刑法65条2項により麻薬輸入罪が成立するとしたものがある（最判昭42・3・7刑集21巻2号417頁）。

2　共犯の錯誤

共犯者間で錯誤が生じた場合も、基本的には単独犯の錯誤と同様に処理される。

　犯罪が複数人で行われる場合、必ずしも各人の意思疎通が他の者に上手く伝わるとは限らない。時にはコミュニケーションが上手くいかず、あるいは偶然の事情によって、思いもかけない結果が生じる場合がある。このように、共

（同正）犯者が観念していたことと、実際に他の（共同）正犯によって実現された事実が異なるという錯誤（5章6節）があった場合、錯誤に陥っている共犯者にはどのような犯罪が成立することになるのだろうか。

　この問題も、基本的に単独犯における錯誤の場合と同じように考えられる。ただ、錯誤が複数人にまたがることにより、共犯論と絡む特有の問題を生じることがある（なかでも共犯者がやり過ぎたという共犯の過剰の事案については、13章2節）。まず、同一構成要件内の具体的な事実に錯誤がある場合（具体的事実の錯誤）と、異なる構成要件にまたがる場合（抽象的事実の錯誤）とに分けて考えてみよう。

サイドステップ：相互共犯の理論──共同正犯の正犯性と共犯の従属性

　日本刑法が大きな影響を受けているドイツ刑法であるが、そのドイツもまた、他の国の影響を受け、発展してきた。この項における問題と特に関連するのが、フランス共犯論である。フランスは、共犯はその犯罪性を正犯から借用するという発想に立ち、正犯に対する共犯の従属性をかなり強く認めるものとされている。そこで、その影響を受けた（ドイツ統一前の）プロイセン刑法典においても、「共犯には正犯と同一の刑罰法規が適用される」との条文が置かれていた。ただ、このことは次のような問題を生じさせることになった。例えば、Yが、使用人という身分を持つXを手伝って使用人窃盗を実行させた場合、YはXの犯罪性を借用するから、（重い）使用人窃盗罪の幇助となる。しかしYが幇助にとどまらず共に実行行為を行って共同正犯となった場合には、Yは正犯であるがゆえに自らの身分に従い、（軽い）単純窃盗の正犯となる。つまり、この条文をそのまま適用すると、身分犯の場合、共同正犯の方が狭義の共犯よりも軽く処罰されてしまうことになる。そこで実務では、このような不合理な帰結は妥当でないとして、「共同正犯は相互に他の共同正犯の従犯」であるという「相互共犯の理論」を用い、共同正犯の場合にも、上述の共犯の規定が適用されるとした。

　その後、ドイツでは従属性の緩和を認める身分の個別化に関する規定が加わることになったが、上記のことは、共犯の従属性や、後にみる共犯の処罰根拠論とも関わるところであり、「体系論の試金石」と言われた共犯論の歴史を考える上でも興味深い。

(1)　共犯者間における事実の錯誤

(a)　具体的事実の錯誤　　単独犯における錯誤の事例でも見たように、**法定的符合説**の立場によるなら、構成要件上同一の評価を受けるかどうかが決定的となるので、共犯間の錯誤の場合にも、「共犯者が認識していた事実」と「正犯によって実現された事実」とが、構成要件上同一の評価を受ける事実という点で符合している限り故意を認めてよいことになる。これに対し、**具体的符合説**によると以下のような問題が生じ得る。

(i)　客体の錯誤

> **事例8−5**　XはV1を殺害しようと企図し、Yに「V1を殺害してくれ」と依頼した。YはXから聞いていた特徴から、自分に近づいて来る男をV1だと思って射殺した。しかし、実はそれはV1ではなく、V2であった。

事例8−5の場合、法定的符合説の立場によるなら、Xが認識していたV1と、実際にYによって殺害されたV2とは**構成要件上同じ評価を受ける**「人」であることには変わりなく、その点で符合が認められるため、殺人の故意は阻却されず、XはV2の殺人の教唆犯としての罪責を負うことになる。

他方、具体的符合説の立場によるなら、この事例を何の錯誤と捉えるのかがそもそも問題となる。つまり、「正犯であるYにとってはV1とV2を取り違えたという客体の錯誤である以上、教唆者であるXにとっても同じである」として、「**客体の錯誤**」と捉えるべきなのか、あるいは、「V1の殺害を依頼したのに、想定外のV2が殺害された」という、「**方法の錯誤**」のバリエーション事案として捉えるべき問題なのか、ということである。具体的符合説は「客体の錯誤の場合には故意を阻却しないが、方法の錯誤の場合には故意を阻却する」と考える見解であるが、既に単独犯の錯誤の項で述べたように(5章8節2)、視覚的に客体を特定していない共犯の場合、この問題を区別することは困難である。従って、この見解の中でも、「Xによって指示されたYによってV1と特定された者」として、Xの意思との間に齟齬はないために客体の錯誤である、とする見解と、XにはV1殺害についての反対動機しか形成されていない以上、方法の錯誤である、とする見解とで争いがある。

（ii）　方法の錯誤

事例8-6　XはV1を殺害しようと企図し、Yに「V1を殺害してくれ」と依頼した。YがV1を狙って発砲したところ、弾丸がそれてV1には当たらずV2に当たり、V2は死亡した。

サイドステップ：客体の錯誤？

　具体的符合説の中でも、正犯の客体の錯誤を共犯にとっても客体の錯誤とみる見解は、正犯と共犯は別個の人格である以上、このような「人違い」が生じるリスクが高いことを理由に、正犯の場合とは異なる基準を認めるべきだと考える。しかし、この見解によれば、上記の例でV2を殺害したYが誤りに気づき、更にV1を殺害した場合、YにはV1とV2に対する殺人罪が成立するが（併合罪）、XはV1、V2の両方について殺人既遂教唆となるのか（観念的競合）、あるいは、Xの故意は1つなのだから一方についてのみ殺人既遂教唆とするのか、という問題を生じることが指摘されている。また、このような処理は、具体的符合説の基礎にある考え方と一致するのかという疑問も提起される。

　これに関連して、昔ドイツで以下のような事件があった（BGHSt 11, 268）。Xは、Y・Zと共に商店へ侵入窃盗を計画し、逮捕されそうになった場合にはピストルを使用して逃げようと申し合わせ、実際に店に侵入しようとした。しかし店の主人に騒がれたので逃走したが、その途中でYは、後方を走っていた人物を追跡者だと思い、逮捕を免れるために殺意をもって発砲した。ところが実はその相手は共犯者のXであり、Yの発砲した弾はXのシャツの袖に命中した。この場合、発砲したYに、Xに対する殺人未遂罪が成立することに異論はないとしても、Xの罪責についてはどう考えればよいだろうか。

　裁判所は、Yの殺人未遂行為の被害者であるXも、追跡者と思われる者に対する発砲の故意があり、殺人未遂の共同正犯としての罪責を負う、と結論づけた。しかし、共同正犯者の故意は、具体的に想定されていた客体である「追跡者」でなければならないし、無関係な第三者や仲間を撃っても、共犯の範囲外であるから共犯者は責任を負わない、としてこの判断を批判する見解もある。この事件は（自分自身に対する殺人行為という）不能犯の問題（7章3節）も絡む興味深い事例であるが、皆さんならどう考えるだろうか。

　XもYも想定していたのとは別の客体に結果が生じた**事例8-6**のような場合は、単独犯の場合の法定的符合説、具体的符合説と同様の結論になる。つまり、法定的符合説の立場によるなら、V1にしろV2にしろ、「人」という評価は同じなので、XにはV2に対する殺人既遂罪の教唆犯とV1に対する殺人未遂罪の教唆犯が成立する（1個の行為で2個以上の罪名に触れるとして観念的競合となる。但し一故意犯説について110頁サイドステップ参照）。これに対して、具体的符合説によるなら、V1とV2とは「違う人」であり、故意の対象としては異なる存在であるために、XにV2の殺害の故意は認められない（V1に対する殺人未遂罪の教唆犯にとどまる）。

　(b)　抽象的事実の錯誤

> 共犯者間の抽象的事実の錯誤は原則として故意を阻却するが、正犯が実現した事実が、共犯の認識・予見した事実と構成要件において実質的に重なり合う範囲で、共犯に故意が認められる。

　(i)　解決の基準　　正犯が実現した事実が、共犯が認識していた事実と構成要件において異なる場合、原則的に共犯の故意は否定される。例えばXがV1を殺害し、Yはそれを手助けしたが、Y自身はV1の飼い犬を殺害したものとばかり思っていた場合、Yには「V1という人を殺害する」という客観的な事実の認識はなかったのであり、構成要件レベルでも殺人罪と器物損壊等罪との間に重なり合いを認めることはできないので、Yに殺人罪の幇助犯は成立しないことになる。

　他方で構成要件的に重なり合いが認められる場合には、その重なり合う範囲では構成要件該当事実の認識があると言えるから、その限度で共犯にも故意が認められる。この重なり合いをどのように認めるかについても、単独犯の場合と同様に考えられる。

　(ii)　構成要件の実質的重なり合い　　例えば、正犯が実現した事実に共犯の認識した事実が含まれているという関係にある場合には、軽い犯罪の故意が認められる。従って、例えば被害者に同意があると思って同意殺人を教唆したところ、実際には同意がなく、正犯は殺人を実現してしまった場合、教唆者には認識のあった限度で軽い同意殺人罪の故意が認められ、同罪の教唆犯が成立

することになる。

　それ以外の「実質的な重なり合い」が認められる場合としては、例えば、覚せい剤だと思って輸入を幇助したところ、実際には正犯は麻薬の輸入を行っていた場合などが考えられる。覚せい剤輸入罪と麻薬輸入罪とは別個の条文に規定されてはいるが、単独犯の場合に見たように（5章6節2）、実質的な重なり合いが認められるため、共犯には麻薬輸入罪の幇助が成立することになる。

　また、正犯が実現した事実が共犯の認識よりも軽かったという場合には、正犯が実現した軽い罪の共犯が成立するにとどまるとする理解が一般的である。これは、生じた客観的な事実を基礎に犯罪の成立が認められるからである。この問題については、更に、共犯の過剰においても触れる（13章2節1）。

　　(c)　関与形態の錯誤　　また、共犯者間で実現した構成要件それ自体には錯誤はなかったが、正犯のつもりが教唆になった、教唆のつもりが正犯になってしまった、といった場合のように、その関与形態について錯誤が生じる場合がある。

事例8-7　XがYに（殺害の意図を秘して毒薬を渡し）「Vの持病の薬だからVに飲ませてくれ」と依頼したところ、Yはそれを毒だと気づいたにもかかわらず「前々からVには恨みがあったのでこれを機に死ねばよい」と思ってそのままVに投与したところ、Vは毒の作用で死亡した。

　この場合のXは、当初殺人罪の間接正犯の意思でYを道具として使うつもりが、実際にはYが事情を知り、直接正犯として行為しているので、客観的にはYによるV殺人の教唆犯となっている。この場合、Xには、軽い（教唆の法定刑は正犯と同一にはなるが、正犯に対する従属が認められる狭義の共犯である以上、教唆の方が軽いと考えられる）教唆犯の成立が肯定される。

　他方で、XがYに犯罪を唆したつもりが、Yには犯罪意思が生じておらず、客観的にはXが間接正犯となってしまった場合には、Xには教唆の故意しかない以上、教唆犯が成立することになるとされる。

［1～2節　山下裕樹、3節　佐川友佳子］

9章　罪　数

> **罪数とは、犯罪の個数である。**

> **事例9-1**　Xは、V1の首を絞めて殺害したあと、殺害に利用するために入手していた拳銃でV2とV3を順番に撃ち殺した。

　罪数とは、成立する犯罪の個数のことを言う。**事例9-1**や後述の**事例9-2**のような場合、Xは複数の犯罪を実現していると考えられる。そのため、いかなる罪がいくつ成立するのか、また、それをどのような刑によって処断すべきなのかが問題となる。それを取り扱うのが罪数論であるが、罪数論の役割は、適用すべき罰条と処断刑・宣告刑の決定に尽きるわけではない。「罪となるべき事実」や「訴因」の数を決めるという機能（刑訴256条3項・335条1項）のほか、いったん無罪とされた行為もしくは有罪とされたものと同一犯罪について再度の起訴を禁ずる「一事不再理」（憲39条）の効果が及ぶ範囲や公訴時効の起算点（刑訴253条）を確定するという、手続法的な役割も果たしている。

　もっとも、罪数には様々な形態のものがあり、個数の数え方や分類の仕方も一通りではない。多数説は、犯罪の個数を構成要件該当性の個数（厳密には、構成要件に該当して違法で有責な行為の個数）を出発点として捉えた上で、大きく一罪と数罪に分けて整理する。

　ざっくりと言えば、一罪の中には、1個の犯罪しか成立していないと評価できる本来的一罪と、数個の犯罪が成立しているが刑を科す上では一罪として取り扱われる科刑上一罪とがある。本来的一罪は、単純一罪と法条競合ないし包括一罪とに区別され、また、科刑上一罪は観念的競合と牽連犯に分けられる。以上に対し、数個の罪が成立し、且つ、科刑上一罪には当たらない場合を併合罪というが、これが数罪の原則形態である。そして、これらのいずれの形態に当たるのかによって、罰条の適用や処断刑が異なってくる。

既遂が成立すれば、未遂や予備は別途適用されない（法条競合の一例）。

　事例9-1において、XはV1の首を絞めて殺している。この段階で、Xには1個の殺人罪が成立する（単純一罪）。また、それ以外にも、XはV2とV3の2人を順番に殺害しているため、全部で3つの殺人罪が成立する。もっとも、よく考えてみると、XがV2、V3を殺害するために拳銃を入手した行為は殺人予備罪に当たる。また、V2とV3を殺害する際、Xは2人の衣服を拳銃で損傷している。そうすると、殺人罪に加え、殺人予備罪や2つの器物損壊罪が成立するようにも見える。しかし、事例9-1のような場合に、Xが殺人罪とは別に殺人予備罪に問われることはない。というのも、予備罪は、未遂罪や既遂が成立しない場合に補充的に成立する罪であり、殺人罪が成立する場合には、その予備は殺人罪に吸収されると考えられるからである。このように、罰条相互の論理的関係により、2つ以上の犯罪が成立するように見えてそのうちの1つの罰条しか適用しない場合を法条競合と言う。

重い罪に随伴する軽い罪は、重い罪に吸収される（包括一罪の一例）。

　同様に、事例9-1において、Xが別途器物損壊罪に問われることはない。なぜなら、器物損壊は殺人罪という重い罪の実現に随伴するものであり、且つ、殺人罪に比べて極めて軽微だからである。そのため、この場合の器物損壊罪は殺人罪に吸収されると考えられている。このように、論理的には一方の罪が他方の罪に吸収される関係ではないが、他方に比べ極めて軽微であるなどの理由により、まとめて一罪で処理される場合を包括一罪という。

　事例9-2　Xは、V1宅の前で、拳銃を1発撃ってV1及びV2を2人同時に殺した後、窃盗目的でV1宅に立ち入り、金品を奪って逃走した。

一発の銃弾で2人を射殺した場合は2つの殺人罪が成立するが、科刑上一罪となる（観念的競合）。

　他方、事例9-2において、XはV1とV2の2人を殺害している。そのため、Xには2つの殺人罪が成立する。もっとも、1発で殺害しているため、「1

個の行為が 2 個以上の罪名に触れ」る場合に当たり（54条 1 項前段）、「その最も重い刑により処断」される（54条 1 項）。こうした場合を、観念上は複数の犯罪が成立しているが、科刑の上では一罪として処理するという意味で、**観念的競合**という。なお、どのような行為を「1 個の行為」というのかについては、「法的評価をはなれ構成要件的観点を捨象した自然的観察のもとで、行為者の動態が社会的見解上 1 個のものとの評価をうける場合をいう」とされる（最大判昭49・5・29刑集28巻 4 号114頁）。

他人の住居に侵入した上で住居内の物を盗んだときは住居侵入罪と窃盗罪が成立するが、科刑上一罪となる（牽連犯）。

　次に、XがV 1 宅に窃盗目的で立ち入った行為には住居侵入罪が成立し、Xが金品を奪った行為には窃盗罪が成立する。もっとも、この場合、Xの住居侵入行為はV 1 宅で窃盗を行うためになされている。つまり、「犯罪の手段若しくは結果である行為が他の罪名に触れる」場合（54条 1 項後段）に当たるため、前述の場合と同様、「その最も重い刑により処断」される（54条 1 項）。このように、**数罪の間に、手段・目的または原因・結果の関係がある場合を牽連犯**と言い、各罰条が適用されるが、科刑上は一罪として扱われる。もっとも、牽連犯として扱われ得る手段結果の関係が認められるためには、「犯人が主観的にその一方を他方の手段又は結果の関係において実行したというだけでは足らず、その数罪間にその罪質上通例手段結果の関係が存在すべきものたること」が必要であり（最大判昭24・12・21刑集 3 巻12号2048頁）、牽連犯となり得る類型は限られている。

　以上のような形で、**事例 9 - 1** では、Xには 3 つの殺人罪が成立し、**事例 9 - 2** では、①観念的競合となる 2 つの殺人罪と②牽連犯となる住居侵入罪及び窃盗罪が成立する。**事例 9 - 1** について、数罪として成立する 3 つの殺人罪や、**事例 9 - 2** における①と②は、構成要件に該当する行為が複数存在し、法条競合、包括一罪、科刑上一罪のいずれにも当たらない場合である。このような場合、原則として**併合罪**（45条）として扱われる。併合罪の場合、複数の罰条を現実に競合して適用され、46条以下によって処理されるが、有期自由刑については、最も重い罪の法定刑の上限を1.5倍したものが上限となる（47条）。

[平山幹子]

サードステップ
基礎理論と論争問題

10章　刑罰理論と責任主義

1　応報刑と目的刑

1　刑罰の正当化根拠──応報刑と目的刑

刑罰が科されてよいのは、応報という意味 and/or 犯罪予防という効果を持つからである。

　国民の生命、身体、自由、財産を保障することは国の責務の１つである。にもかかわらず、刑罰は、その国が国民の生命、自由、財産を奪い、制限する制度である。なぜそのようなことが許されるのか、を巡っては古くから、大きく分けて２つの立場の間で議論がたたかわされてきた。

　その一方は、刑罰は、犯罪という悪い行いに対する悪い報い、即ち**応報**あるいは贖罪という意味を持つから、国はこれを科することを許されるとする立場である。これを**応報刑論**と呼ぶ。もう一方は、刑罰は犯罪予防という効果を持つから正当化される、つまり犯罪予防目的が刑罰に根拠を与えると考える。これを**目的刑論**と呼ぶ。応報刑論は、**過去に犯罪が犯されたから**刑罰が正当化されると考え、目的刑論は、**将来犯罪が犯されないために**刑罰を科することが、刑罰に正しさを与えると考える。両者は、回顧と展望、犯罪の事後処理と事前抑止の対比関係に立つ。

　目的刑論には、一たび犯罪を犯した者が将来二度と罪を犯さないようにすることを刑罰の目的とする**特別予防論**と、国民一般が犯罪を犯さないようにすることを刑罰の目的とする**一般予防論**とがある。

　今日では、このいずれの観点も、刑法を考え、運用するにあたって一定の役割を果たしていること（「果たすべきであること」ではない）がほぼ一致して承認されており（総合説）、少なくとも日本においては「争い」はほとんどない。

2　応報刑論

刑罰は、犯罪という悪い行いに報いる害悪である。

　応報刑論によれば、刑罰は、犯罪によって侵害された正義を回復するものである。悪行である犯罪に対しては害悪としての刑罰で報いることこそが正義に適うとするのである。法の否定である犯罪を刑罰の賦課によって否定することで法を回復することが、刑罰の意味であり、正当化根拠である。平たく言えば、悪い行いには必ず悪い報いがあるという「悪因悪果」「因果応報」の観念が正義であるということになる。従って、犯罪が行われた以上、刑罰は必ず科されなければならない。法＝正義の回復は国家の責務だからである。更に、刑罰がその犯罪を理由として科されるものであることを示すために、刑罰の重さは厳密に犯罪の重さに対応していなければならない。このような考え方を**絶対的応報刑論**と呼ぶ。

　この、罪刑の絶対的均衡は、「目には目を、歯に歯を」という、いわゆる**タリオ的同害報復**を原則とすることになる。しかし、これを厳格に要求することはできないし、現代の刑罰制度を前提とする限り、全ての犯罪の重さは、生命、自由、財産の剥奪の程度に何らかの形で換算されざるを得ない。

　そこで、今日の応報刑論は、刑罰の量ができる限り犯罪の重さと釣り合うことが必要だとするにとどまる。更に、正義の実現としての刑罰は絶対に科されなければならないという原理も、犯罪予防の上で必要がなければ科されなくてもよい場合があることが承認される程度に相対化される。このような形の応報刑論を**相対的応報刑論**と呼ぶ。絶対的応報刑論とは、結局、応報刑論を徹底するとこうなるはずだ、という姿を示したものに過ぎないことに注意が必要である。

3　特別予防論

刑罰は、再犯を防止するためにある。

　個別の人に犯罪を犯させないことを**特別予防**と呼ぶ。伝統的な刑法を前提とする限り、刑罰の賦課は犯罪が行われたことを要件とするから、これは、通常、犯罪者に再度犯罪を犯させないこと、即ち再犯の防止を意味することにな

る。このような効果があるから刑罰は正当化されるとする特別予防論にも大きく分けて2種類がある。1つは、刑罰は、犯罪者の改善・教育という効果を持つとするもので、他方は、再犯の可能性のある犯罪者を隔離することによって社会を防衛するのだとするものである。前者を教育刑論、後者を社会防衛論と呼ぶこともある。

　特別予防論は、伝統的な、且つ現在も行われている刑罰制度の正当化根拠を説明することができない。特別予防の観点からは、刑罰を科するためには、特定の人が将来犯罪を犯す可能性さえ判明していれば十分である。実際に犯罪を犯したことは、その者の犯罪性＝社会にとっての危険性を認識するきっかけに過ぎない。つまり、この見地においては犯罪は原理的には刑罰の要件ではないことになる。また、犯罪性の消去が目標なのであるから、裁判時点で特定の期間の自由剥奪を宣言することも無意味である。刑は「改善がみられるまで」という形で言い渡されるべきことになる。

　しかし、ある者の犯罪性、犯罪傾向を測定することも、更に教育・改善の効果、つまり再犯可能性の消滅、減少を測定することも、現在の技術では少なくとも極めて困難である。そのような不確かな判断を根拠として個人の自由を制限することは正当化できない。また、教育刑論からすれば、自由を剥奪することはそもそも刑罰が備えているべき性質ではない。

4　一般予防論

刑罰は、一般人に犯罪を犯させないためにある。

　広く社会構成員一般の犯罪を防ぐことを**一般予防**と呼ぶ。一定の種類の行為に対して、その行為によって得られる利得、快楽を帳消しにできる程度の害悪を予告しておけば、人間は損得勘定で行動を決めるものであるから、その行為に出ても利得がないと判断して、その行為を差し控えるだろう、というのが一般予防論の考える犯罪抑止のメカニズムである。このような考え方を心理強制説ないし威嚇的一般予防論と呼ぶ。この立場においても刑罰は害悪でなければならない。

　この考え方は広く受け容れられており、罪刑法定主義に基礎を与えるものと

しても重視されているが、予防効果のメカニズムと現実性については、少なくとも確証はないとされている。これまで処罰されなかったタイプの行為が新たに処罰対象とされることになる場合、確かに、一般人はその行為の違法性を銘記し、その行為に出ることを差し控えるだろうと推測できる。しかし、伝統的に犯罪とされてきた、例えば、殺人や窃盗については、処罰されるのは割に合わないからという理由でこれを行わないという人がどれくらいいるか疑問である。これらが「してはならないこと」であるという判断は、ある程度の年齢になれば既に身に付いているのが普通であり、損得勘定以前に抑制動機が働くのが普通であるとも考えられる。逆に激情に駆られて暴力的犯罪を犯す者に対しては、刑罰の予告による威嚇は無力である。

　一般予防論においては、犯罪者は他人が犯罪を犯さないようにするために処罰されることになり、独立した人格として扱われるべき個人が他人のための道具に成り下がる、との批判が主として応報刑論の立場から提起されている。

2　犯罪論と刑罰理論の関係

1　客観主義と主観主義

　刑罰とは犯罪に対して科される制裁であるから、刑罰の性質をどのようなものと考えるかは、犯罪とは何かというコンセプトと密接に関連する。応報刑論と一般予防論は犯罪を客観的な、つまり外部から認識できる行為であると考える**客観主義**の考え方につながり、特別予防論は、行為者の内心を問題とする**主観主義**に至るとされている。

　応報刑論は、刑罰を悪しき行いに対する悪しき報いであると考えるから、「行い」があったことを刑罰の前提とし、それ故、犯罪を客観的な、つまり他人にとって認識可能な行為であると理解することになる、とされる。一般予防効果は、犯罪と刑罰の関係を一般人に知らせることによってはじめて生じるから、一般予防論においては犯罪自体が一般人にとって、つまり外部から認識可能なものでなければならない。従って、行為が行われたことだけではなく、それを犯罪だとして刑罰を予告する法律がなければならないことになる（罪刑法定主義→3章2節）。

　これに対して、特別予防論によれば、犯罪は、行為者の犯罪性を知るための
きっかけに過ぎない（徴表主義）から、法定されている必要もなければ、社会や
特定の他人の利益を客観的に認識できる形で侵害するものである必要もない。
外部的に認識できる行いはおよそなくても、別の方法で犯罪傾向が認識できれ
ば、刑罰を発動することは許される。従って特別予防論の下では、犯罪概念が
主観化する傾向があり、そもそも、原理的にはさして重要なものではなくなる。
　しかし、こうした関係は必ずしも論理必然的なものではない。特別予防論の
下で客観主義的な犯罪理論を採用することも矛盾しないし、現にこれを強調し
た著名な特別予防論者もある。犯罪性、犯罪傾向といったものを測定すること
が難しい以上、客観的な利益侵害行為としてそれが外部に現れるまで待っては
じめて刑罰を科することにしないと国民の自由を不当に制限することになると
いうのである。逆に、応報刑論に立つ場合でも、「悪しき」行為であることを
強調すれば、外部的な行為の他者侵害性はたいしたことがなくても、あるいは
全くなくても「悪しき」動機・心情に由来するものであることが明らかになれ
ば、重く処罰しなければならない、とすることも論理的には可能であるし、現
にそうした思考傾向を有する犯罪理論が唱えられたことも少なくない。

2　法益保護と刑法の任務

　一般予防論は、犯罪とされる行為を抑止することが刑罰の目的であるとす
る。これは、裏返せば、刑罰は、その行為がもし行われれば侵害されることに
なる利益を保護するということである。刑法総論・各論の各所で「**保護法益**」
あるいは「法益侵害」という言葉が使われるのはこのことに由来する。「殺人罪
の保護法益は人の生命である」と言われるとき、「刑法199条は、殺人を禁止
し、これを抑止することによって人の生命を保護するためにある」ということ
を意味する。特別予防論によるときも場面は限局されるが同じように刑罰には
法益保護効果があると言うことができる。他方、応報刑論の立場からは、「殺
人が処罰される理由は人の生命の侵害にある」と表現することになるであろ
う。応報刑論には「保護法益」という概念はなじまない。予防（目的）刑論にお
いて「法益侵害」と呼ばれるものは応報刑論においては全て「処罰根拠となる
利益侵害」と言い換えられなければならないはずである。現在の日本において

「保護法益」という言葉を使わない刑法の教科書は皆無であると推測されるが、このことは一般予防論が一致して承認されているということを意味するといってよい。

　この、刑罰は法益保護のためにあるという考え方に立つときは、**法益**の概念内容を客観的で物的な、感覚的に知覚可能な利益に限っておけば、処罰範囲を明確化し、且つ違法性が誰の目にも明らかな場合に限定することになって、刑罰が過度に発動され国民の自由が過剰に制限されることを防ぐことができる。そういう意味でも、「保護法益」は刑法の謙抑性に資する重要な概念であるとされている（12章）。

3　総合説における個々の観点の適用場面

立法と解釈においては一般予防論が、量刑においては応報刑論が、行刑においては特別予防論が支配的である。

　現在のところ、日本では一応、一般予防論的考察方法が基調とされていると見ることができるものの、応報刑論の強調ないし、見直しの提案は繰り返しなされてきたし、特別予防的考慮は捨て去るべきであるとの声はごく少数にとどまる。応報刑論も一般的予防論も特別予防論もそれぞれに理論的な利点も難点も有しており、そのいずれかが決定的に優位に立つことはなかった。現代日本の刑法学説がその全てを総合的に考慮する総合説においてほぼ一致を見ているというのは、このような消極的な意味においてに過ぎない。

　また、いずれの立場も処罰を拡張する要因も限定する要因もともに孕んでいることもその１つの理由であろう。一般的に言えば、応報刑論は、過去に行われた犯罪だけを問題とするので刑罰の量が確定した事実に依存するという意味で処罰の拡張を抑制する要因を持っている一方で、刑罰は正義の実現なので、原理的には抑制の契機を持たない。目的刑論は、予防目的のために有効であれば、現に犯された犯罪の程度にかかわらず重い刑を科することを要求することになりがちである一方で、効果がないことがはっきりしている場合には刑罰を科する必要はおよそない、という原理的に抑制的な側面も有している。

　更に、それぞれの観点がいわば得意とする場面が異なるということも総合的

に考慮せざるを得ない状況を支えている。立法の次元では、一般予防論的な考え方がどうしても中心となる。立法は一定の政策を執行するためになされるのが常であり、「正義の実現」などという抽象的な政策目標では議会を説得することはできない。やはり、特定の行為を抑止し、一定の利益を保護するためでなければ新たな刑罰法規を導入することは承認されない。また、既に述べたように、保護法益を中心的な指導概念とする特に刑法各論の解釈論は暗黙のうちに一般予防論を前提としている。

　具体的な被告人に言い渡されるべき刑の重さを決める**量刑**判断においては、応報刑論の考え方が圧倒的優位に立つ。刑罰の量は第一に責任の量、即ち犯罪の重さに対応しなければならないということを否定する論者はほぼ皆無であ

サイドステップ：法格言と標語的表現

　法学者というのは、標語的表現を好む人種であるらしい。例えば、「法の不知は恕せず」、あるいは「緊急は法を持たず」といった、法的ルールを表現するのに、細部を捨てて本質的要素のみを簡略に言い表した「法格言」、「法諺」などと呼ばれる標語は刑法に関するものに限らず数多い。多くはローマ法にまで遡るラテン語由来ものだが、日本でもそれらしく訳されて定着している。刑罰理論のような大理論、基礎理論の領域はそうした表現になじむのか、このあたりには、特に多く見られる。例えば、極めて有名な「目には目を歯に歯を」をはじめとして、「法律なければ刑罰なし」（罪刑法定主義）、「責任なければ刑罰なし」（責任主義）などがある。「市民社会が解散するその日にも獄中にいる最後の殺人犯に対する死刑は執行されなければならない」という哲学者カントの言葉などは絶対的応報刑論の特徴である同害報復論を端的に言い表して印象深い。比較的新しいものとしては、「刑法典は犯罪者のマグナ・カルタである」というものがある。これは、ドイツの刑法学者フランツ・フォン・リストが自ら主張する特別予防論が犯罪性測定の不確かさから過剰な自由制限に陥りかねない危険性に鑑みて、罪刑法定主義と客観主義的犯罪論による歯止めの必要性を強調した言葉である。フォン・リストは刑法理論史上の巨星であるが、この種の表現においても名手であった。「最良の刑事政策は善き社会政策である」、「刑法典は、刑事政策が乗り越えることを許さない柵である」というのも彼の「作品」である。どういう意味かは調べてみよう。

る。争いは予防的考慮にどの程度の副次的役割を担わせるのか、を巡るものに
限局される。

　そして、**行刑**、つまり実際に刑を執行する段階になると俄然、特別予防論が
優勢となる。刑事収容施設及び被収容者等の処遇に関する法律〔刑事収容施設
法〕30条は「受刑者の処遇は、その者の資質及び環境に応じ、その自覚に訴
え、改善更正の意欲の喚起及び社会生活に適応する能力の育成を図ることを旨
として行うものとする。」と規定して、刑務所内では、受刑者に対して「改善更
正」及び社会復帰のための働きかけがなされることを宣言し、その他各所で
「改善更正」「社会生活への適応」に言及する（例えば刑事収容施設法103条）。ま
た、ほぼ同じ意味で「矯正」という言葉も行刑の場面で伝統的に用いられてき
た（刑事収容施設法84条）。広い意味での刑法秩序がこのような態度を取ってい
る以上、特別予防は考慮すべきではない、とは言えても、現行法上、考慮され
ていないと言うことはできない。

　また、いずれの場面においても、「主役」でない考え方は、主役の行き過ぎを
抑制する原理として考慮されることが多い。立法においては、応報刑論に基づ
く罪刑均衡の要請が過度の法定刑が規定されることを抑制し、解釈論・犯罪論
の次元では、応報刑論そのものと言ってもよい責任主義が犯罪の成立範囲を限
定し、量刑においては、予防の必要性がない場合は責任の量を下回る刑が宣告
されてよいという主張がなされ、行刑においては、罪刑均衡原理に従って定めら
れた刑期が「矯正処遇」に必要な期間だけ自由を拘束するという要請を容れない。

3　責任主義

1　「責任なければ刑罰なし」

犯罪の成立のためには行為者に故意または過失及び責任能力がなければならない。

　責任主義とは、犯罪の成立ひいては刑罰の賦課には行為者に違法行為につい
ての責任があったことが必要条件となる、とするルールのことである。「責任
なければ刑罰なし」と表現されることもある。近代刑法の確立した大原則であ
るとされている。日本の刑法典においては、38条、39条が最も典型的にこの原

則を宣言している。つまり、ここで言う「責任」とは、端的に言えば、故意または過失（38条。4 章 3 節以下）及び責任能力（39条。5 章 5 節以下）のことである。

　この原則が、立法論上及び解釈論上、最も顕著に機能するのが故意の原則的要求という場面である。犯罪が成立するためには、原則として、全ての客観的犯罪成立要件をなす事実を行為者が認識していたことが（例外としても認識可能性＝過失があったことが）必要である、というルールこそが責任主義である、と言っても言い過ぎではないほどである。故意または過失にカバーされない客観的犯罪成立要件を含む処罰規定は立法されてはならない、特定の規定をそのように解釈することは許されないとされている。

　応報刑論によれば、違法な行為を行った行為者を処罰するということは、法秩序がその行為自体を否定的に評価するのみならず、その否認を行為者人格に結びつけるということである。裁判の時点では、行為は過去のできごとに過ぎないから、それを現在法廷にいるその人を将来刑務所に収容すること＝処罰に結びつけるためには、その行為がその人の**せい**であることが確認されなければならない。これが確認できれば、行為時の人格と収監時の人格が同一性を保っている以上、犯罪と刑罰の対応関係が示されることになる。この、違法行為をある個人の人格のせいであるとする判断を**主観的帰属**と呼ぶ。責任の判断とはこの主観的帰属の判断に他ならない。この主観的帰属が可能であるということは、違法行為に対する法的否認を行為者人格に結びつけるということであるから、責任は行為者に対する違法行為を行ったことについての非難である、責任判断は**非難可能性**の判断である、とも言う。

2　規範的責任論の責任モデル

責任非難の根拠は、行為者がその違法行為に出ることを思い止まれた（他行為可能性）という点にある。

　ある違法行為がその行為者のせいであると判断できる、即ち違法行為を理由に行為者を非難できるのは、行為者がその行為に出ることを思い止まることができた場合だけである。なぜなら、行為者にその行為にでる以外の選択肢がなかったとすれば、その行為が行われた原因は行為者にではなく、行為者にそれ

を強いたその他の状況にあるからである。このような関係を、行為者に**他行為可能性**があった（なかった）と表現する。これを法秩序の側から見て、行為者に違法行為にでないことが期待できたかを問うのが、広い意味での**期待可能性**（5章7節）の問題である。

この他行為可能性＝期待可能性は、行為者が自らの行為の違法性を知っていた（故意、違法性の意識）か、知らなかったが知ることはできた（過失、違法性の意識の可能性）場合で、且つ、行為者にその認識を手がかりに自らの行動を抑制する能力があり（責任能力→5章5節）、外部的状況も違法行為を強いるものではなかった（狭義の期待可能性）場合に認められる。

行為者が犯罪事実を認識していれば（故意）、通常、その行為の違法性は認識できるし（違法性の意識ないしその可能性）、事実を認識していなくても注意すれば認識できた（過失）場合も同じである。行為の違法性を認識すれば、反対動機が生じる。つまり、悪いことだと思ったら、やめた方がいいのではないかという気持ちが起こる。行為者は、これをきっかけにして違法行為に出ることを思い止まることができたのに、反対動機を乗り越えて違法行為に出た。これが非難の理由なのである。規範による行為禁止＝行為抑制の要請を認識したのに、これに従わなかった、と表現することもある。これがいわゆる**規範的責任論**による責任非難のメカニズムのモデルである。

もちろん、一般予防論にとってもこのように理解された責任は刑罰権発動を抑制する原理として重要な意味を持つ。行為者が自らの規範意識に従って行為を抑制することができない状況にあった場合に、その行為者を罰することは、一般人の犯罪の抑止に役立たない。一般人が将来同様の状況に置かれた場合には、やはり抑制できないであろうからである。特別予防論にとってはこのような意味での責任は不要である。

3　意思の自由と責任

以上のような他行為可能性を中心に据えた責任コンセプトは、人間が自らの行為を自由に選択することができる存在であるということを前提としている。このような責任の理解が成り立つためには、人間には自由に意思決定をしそれに基づいて行動する能力、可能性がなければならないのである。このような能

力ないし可能性を**意思の自由**（自由意思）と呼ぶ。故意、過失といった責任の各要件は、行為時に行為者がそうした可能性を有していたかを判定するための要件であることになる。

　この、人間には意思の自由があるとする考え方を**非決定論**と呼ぶが、この考え方には、古くから、**決定論**が対立してきた。人間には自由などはなく、人間の行動は結局全て自然科学的法則によって決定されている、とする考え方である。現在のところ双方ともに自らの主張を実証することには成功しておらず、この論争には決着はついていない。

　しかし、刑法学上は、必要な<u>フィクション</u>として非決定論を前提とする責任モデルを維持することについてほぼコンセンサスが成立していると言ってよい。我々の社会には既に人間には自由があるという観念が生活意識のレベルで文化や宗教の違いを超えて広く定着しており、人間社会は、少なくとも自由意思の可能性を基礎に構築された様々な制度を持っている。刑法はその1つであって、刑法においては刑罰が過度に自由を制限しないようにするための歯止

サイドステップ：ラテン語

　ローマ法以来、あるいは教会法以来の伝統か、法学の世界においてラテン語の占める地位はなお高い。ドイツでも英米でも一定の法理を表すのにラテン語が用いられることがけっこう多いのである。そのことが母語を異にする法学者、法律家同士の、つまり国際的な専門的議論における意思疎通に一役買っていたりもする。日本でも普通に使われているものとしては、刑法では、actio liebera in causa ＝ 原因において自由な行為、conditio sine qua non 公式 ＝ 必須条件公式 ＝ 条件説が、刑事訴訟法においては、ne bis in idem ＝ 一事不再理、in dubio pro reo ＝「疑わしきは被告人の利益に」が代表格である。その他、罪刑法定主義は、nulla poena sine lege, nullum crimen sine lege、責任主義は、nulla poena sine culpa、打撃の錯誤は aberratio ictus、客体の錯誤は error in objecto、「法の不知は恕せず」は error juris no cet、被害者の承諾が違法性を阻却することは vollenti non fit injuria ＝「欲する者に違法はない」などと表記される。もちろん、現代の法学文献においてこれらのラテン語表記が用いられるときは、ペダンティズムの香りが漂うことも否めない。

めとして機能する責任概念の基礎として不可欠な前提をなしており、今更その前提を変更することはできないし、する必要もないというのである。

　但し、いかに定着しており生活意識のレベルにおいて説得的であっても、あくまでも実証性を欠くという意味でフィクションに過ぎないから、意思の自由を処罰を積極的に根拠づける要因と考えることはできない。その意味で、責任主義は、「責任＝意思の自由なければ刑罰なし」という消極的責任主義でなければならず、「責任あれば刑罰あり」という積極的責任主義であってはならない、とされることもある。

4　客観的処罰条件

　責任主義にも例外があるとされている。その存在が行為者に認識されていることを必要としない客観的犯罪成立要件もある、というのである。これは**客観的処罰条件**と呼ばれる。例えば、事前収賄罪（197条2項）の「公務員となった場合」という要件、あるいは詐欺破産罪における破産手続開始決定の確定（破産265条）という要件については故意は必要ないとされる。その理由は、いずれの事情も行為者が左右できるものではない、即ち思い止まれるか否かを問題とする余地がない事情であるという点に求められる。

　しかし、そうした例外はできる限り解消して行く必要があるとの理解も広く定着している。確かに公務員となることも、破産手続開始決定も、行為者が左右できる事情ではないが、公務員になる可能性があり、あるいは破産手続が開始される可能性がある状況下ではじめて行為が違法性を帯びるのであるから、その点の認識があってはじめて規範に違反するとの意識が生じ、例えば賄賂を収受する行為を思い止まれると言うこともできる。

4　刑法の適用範囲

1　国内犯

日本国内で行われた犯罪には日本の刑法典が適用される。国外で犯された犯罪については罪種と行為者の国籍によって日本の刑法典が適用される場合もある。

　日本の刑法典は、日本国の領域内で行われた全ての犯罪に適用される。行為者や被害者の国籍を問わない（1条）。原則として領域外で行われた犯罪には適用されない。このように行為地が領域内にあることを刑法典適用の条件とする制度を**属地主義**と呼ぶ。日本国内にある法益は全て何人からも保護するという原則である。日本国内で行われた犯罪を**国内犯**と呼ぶ。

　構成要件要素の一部でも国内で生じたときは、国内犯であるとする立場を遍在説と呼ぶ。行為あるいは結果が国内で生じたことが必要であるとする見解（行為説、結果説）もあるが、判例は偏在説に立つ。例えば、贈賄の共謀及び約束が国内で行われていれば、供与自体は国外で行われても198条が適用できるとするのである。

　船舶上の犯罪の場合は、行為時にその船が日本の領海内にあれば日本刑法が適用され、公海上にあっても、日本船籍であれば日本刑法が適用される。航空機についても同じである（1条2項）。このルールを旗国主義と呼ぶ。

2　国外犯

　その構成要件要素の全てが日本国の領域外で生じた場合を国外犯と呼ぶが、犯罪の種類によっては日本刑法が適用されることがある。

　(1)　**すべての者の国外犯**　　2条は、内乱をはじめとする国家の存立に対する罪と、各種偽造罪については、国外で犯された場合についても、行為者の国籍を問わず日本刑法が適用されることを規定する。極めて重大な日本国の法益は、行為地を問わず、何人の攻撃からも日本刑法が保護するという意味で、このような制度は**保護主義**と呼ばれる。

　(2)　**国民の国外犯**　　3条は、国民による国外犯を一定の罪種について日本刑法の対象とする旨規定する。これに含まれる罪種は、一応重大なものに限られてはいるが、比較的数多い。日本国民は、日本法の規律対象であるから、国外で犯された罪であっても、それが日本国民によって犯されたものである限り日本刑法の対象となる。これを**積極的属人主義**と呼ぶ。

　(3)　**公務員の国外犯**　　公務員しか犯すことができないいくつかの罪種については、日本の公務員が国外で犯した場合にも日本刑法が適用される（4条）。公務員犯罪は、公務自体、あるいは公務に対する信頼を保護法益とし、日本の公

務員によって犯された限り、その場所がどこであっても、日本国の公務あるい
は公務に対する信頼は害される。そういう意味で、4条は、形式的には属人主
義であるが、保護主義の一種を規定するものである。

　(4)　**国民以外の者の国外犯**　　3条の2は、日本国民に対して外国人によって
犯された一定種類の罪には、日本刑法が適用されことを規定している。2条の
保護主義の個人法益に対する罪への拡張であり、3条の属人主義の例外であ
る。日本国民の利益に限って保護対象とされるという意味で**消極的属人主義**と
も呼ばれる。

　(5)　**条約による国外犯**　　特定の犯罪については、誰がどこで犯してもどの国
の法律によっても処罰できるようにしておく必要があるとされることがある。
国際テロリズムをはじめとする、いわゆる**国境を越える犯罪**に対処し、これを
抑止するためには国際協調が必要であるとされる。4条の2は、そうした国際
協調を約する条約があることを前提として、**世界主義**（普遍主義）を宣言するも
のである。これによれば、例えば、サリン等による人身被害の防止に関する法
律の各罪は、誰がどこで犯しても日本刑法によって処罰することができる（8
条）。

3　時間的適用範囲

　刑罰法規不遡及の原則（憲39条）があるので、刑罰法規はそれが効力を発生し
て以降に行われた行為にしか適用できない。しかし、6条は、「犯罪後の法律
によって刑の変更があったときは、その軽いものによる。」と規定してこの原
則に例外を設けている。つまり、刑が軽く変更された場合には、裁判時法が適
用される、つまり刑罰法規が例外的に遡及することになるのである。これは、
裁判時点における社会の当該行為に対する（違法）評価を優先すべきであると
いうだけである。犯罪後の法律により刑が廃止された場合は、免訴の判決（刑
訴337条）がくだされる。刑が重く変更された場合は、不遡及原則がそのまま妥
当し、行為時の軽い刑が適用される。

［葛原力三］

11章　犯罪論の体系

1　違法と責任の区別

犯罪論体系とは、構成要件該当性、違法性、責任の３つに区分してまとめ上げられた全体を言う。

　これまでの部分から明らかなように、犯罪論の総論は、犯罪の一般的成立要件を論ずるものであり、その内容は、犯罪の構成要素が全て揃っていることと、犯罪の成立を阻却する事情が存在しないことで構成される。

　もっとも、犯罪の構成要素や、構成要素が揃っていても犯罪成立を阻却する事情には様々なものがある。そのため、一定の観点から整理し、まとめ上げる必要がある。そうでなければ、犯罪の成否を判断する際の思考順序が定まらず、判断に時間がかかるばかりか、矛盾が生じ得るからである。犯罪の成立を基礎づける事情と阻却する事情を一定の観点から整理し、まとめ上げた全体を犯罪論体系と言うが、通説は、犯罪の一般的成立要件を、犯罪成立を積極的に基礎づける部分と犯罪不成立を基礎づける部分の２つに分けるのではなく、構成要件・違法性・責任という３つに区別して整理する。そして、犯罪の成否判断する際は、その行為が構成要件に該当するかどうか、次に、構成要件に該当した行為について違法性が認められるか否か、最後に、構成要件に該当して違法な行為に責任が認められるかどうかという順で検討する。

　このうち、構成要件該当性は、犯罪の成立を積極的に基礎づける部分である。これに対し、違法性と責任の段階で検討されるのは、犯罪成立を阻却する事情の有無である。即ち、違法性とは、法的に許されないことを言うが、それを積極的に明らかにする必要はなく、その存在を否定する事情（違法性阻却事由）の有無を検討すれば足りる。後述のように、構成要件に該当した行為は、通常違法であると推定されるからである。また、責任とは、違法行為をした行

為者を法的に非難できることを言うが、その判断も、責任を阻却する事情の有無が検討されることによって行われる。

　問題は、違法性であれ責任であれ、いずれも阻却事由の有無を検討するものであるのなら、なぜ両者を区別して論じなければならないのかである。そのルーツは犯罪体系を巡るドイツの議論に求められるが、違法性と責任の区別が意味を持ち得る場面として、次の2つの場合を指摘することができる。

　第1は、犯罪には当たらない行為に対する正当防衛の成否が問題となる場合である。例えば、相手を殺そうと刃物で切りつけたところ、その相手が身を守ろうと素手で応戦してきたときに、これに対抗する行為者の行為を正当防衛とすることはできない。なぜなら、正当防衛が成立し得るのは、「不正」つまり「違法」な侵害に対する場合だけだからである。即ち、行為者が相手を殺そうとしてナイフで切りつける行為は「不正」に侵害であり、これに対抗する相手の行為は正当防衛に当たる。そうすると、相手の行為は違法性が阻却される結果、適法な行為となるため、「不正の侵害」にはならない。ゆえに、行為者が相手からの正当防衛に対抗する行為を正当防衛とすることはできない。これに対し、例えば、責任無能力者がナイフで切りつけてきたので、これに対抗する行為は、正当防衛に当たり得る。なぜなら、有責性の欠ける責任無能力者の行為は犯罪ではないが、構成要件に該当して違法な行為である。ゆえに、その行為は犯罪ではないが、「不正」の侵害と言え、これに対する正当防衛が可能となる。このように、犯罪には当たらない行為であっても、それが適法行為なのか、違法であるが有責性が欠けるのかによって、それに対抗する行為の評価も異なり得る。

　第2は、共犯の成否が問題となる場合である。例えば、正当防衛として侵害者を殺害する人の手助けをしたという場合、殺人の共犯とならない。なぜなら、正犯が構成要件に該当するが違法ではない行為を行っているからである。これに対し、責任無能力者によって人が殺害されようとしている際、これを手助けすれば、殺人罪の共犯となる。なぜなら、正犯が構成要件に該当し、違法な行為を行っているからである。いずれの場合にも、正犯者自身に犯罪は成立しないが、前者の場合には手助けした人も罪に問われないのに、後者の場合には罪に問われ得ることを説明しようとすれば、正犯者に犯罪が成立しない理由

が違法性阻却なのか、責任阻却なのかを区別する必要がある。このように、違法性と責任を区別することには、共犯の成立範囲を画するという意義もある。

2　構成要件概念と体系構想の争い

構成要件には、複数の機能がある

　いずれにせよ、ある行為に犯罪が成立するためには、何よりもまず構成要件に該当する必要がある。その意味で、構成要件には、個々の刑罰法規から解釈論上導かれる犯罪類型に当てはまらない行為の処罰を防ぎ、国民の行動の自由を保障するという役割がある。もっとも、それ以外にも、構成要件は複数の重要な機能を果たしていると考えられている。

　まず、**違法推定機能**である。構成要件は違法とされるような行為を類型化したものであるという点で、構成要件に該当する行為について、それを特別に許容し正当化する根拠としての違法性阻却事由がない限り、違法性を推定させるという機能を果たしている。これに対しては、構成要件と違法性阻却事由は、それがあることにより違法性が肯定されるか、それがないことにより違法性が肯定されるかというだけの違いしかなく、同一の段階に位置づけられるべきではないかという疑問も向けられている。しかし、通説は、構成要件該当性の判断は、刑罰法規から導かれる行為の型に当てはまるかどうかの類型的判断であるから、法秩序全体の見地からの具体的・非類型的判断である違法性阻却事由の判断とは区別されるべきであると考える。

　次に、**犯罪個別化機能**である。例えば、殺人罪が成立するためには、その行為が殺人罪の構成要件を充たす必要があり、窃盗罪が成立するためには、窃盗罪の構成要件を充足する必要があるというように、構成要件は、犯罪ごとに与えられている。そのため、構成要件には、当該行為の違法性や責任を問題とする以前に、その行為について何罪が成立し得るのかをある程度明らかにし、分類する機能があるとされる。

　更に、**故意規制機能**である。犯罪成立には、通常「罪を犯す意思」、即ち、故意が要されるが、故意が認められるためには、当該犯罪の構成要件に該当す

る事実の認識・予見が必要となる。その意味で、構成要件には、故意に必要な認識・予見の対象を明らかにするという機能があると考えられている。

故意・過失の位置づけについては、争いがある。

このように、構成要件にはいくつかの機能があるとされるが、このうち、犯罪推定機能と故意規制機能は両立しないとされる。なぜなら、殺人罪と過失致死罪のように、別々の犯罪類型ではあるが、客観的要素は共通していると言えそうな場合が存在するからである。別の言い方をすると、殺人罪と過失致死罪を構成要件の段階で区別しようとすれば、殺人罪の構成要件に故意が含まれていることが必要となる。しかしそうなると、故意の成立に必要な認識・予見の対象に故意自体が含まれることになり、故意規制機能が果たせなくなる。そこで、故意規制機能を認めるためには、故意のような主観的要素を構成要件の外に置かなければならないが、だとすると、構成要件の犯罪個別化機能が果たせなくなるというわけである。

この問題について、多数説は、犯罪個別化機能を重視し、故意・過失は構成要件に含まれると考える。これによれば、構成要件は、客観的要素を内容とする客観的構成要件と、故意などの主観的要素を内容とする主観的構成要件に区別される。それによって、犯罪個別化機能は故意・過失を含む構成要件全体が果たし、故意規制機能は構成要件の中でも客観的構成要件によって果たされる。そして、構成要件に位置づけられる故意・過失は、構成要件的故意・構成要件的過失と呼ばれ、構成要件該当事実の認識・認容によって基礎づけられるとともに、責任要素として検討される故意・過失（責任故意、責任過失）と区別される。ここで、故意・過失は本来、行為者に対する責任非難を基礎づける要素であるから、構成要件は、違法性のみならず有責性とも関連する違法・有責類型であると説明されることになる。

もっとも、構成要件に故意を含める見解は、後述するような、正当化事情の錯誤があった場合などに問題が生じる。そのため、故意・過失を責任段階に置き、犯罪個別化機能は構成要件と故意または過失によって構成される犯罪類型によって果たされるべきである（殺人罪と過失致死罪の構成要件は基本的に同じであるが、故意・過失の加わった犯罪類型としては異なる）とする見解も有力に主張さ

れている。

3　正当化事情の錯誤

正当化事由の錯誤は、違法性阻却事由に当たる事情が存在しないのに、存在すると誤信していた場合をいい、故意を阻却し得る。

事例11-1　夜道を散歩中のXは、友人VがXを驚かそうと棒を振りかざしてきたのを、暴漢に襲われたものと誤信し、身を守るために落ちていた棒を拾ってVを殴りつけ、Vに傷害を負わせた。

事例11-2　夜道を散歩中のXは、暴漢Vに襲われたため、身を守るために落ちていた棒を拾ってVを殴りつけたところ、棒は斧だったため、Vは傷害を負った。Xは、拾った棒が斧であることを全く認識していなかった。

事例11-3　夜道を散歩中のXは、友人VがXを驚かそうと棒を振りかざしてきたのを、暴漢に襲われたものと誤信し、身を守るために落ちていた棒を拾ってVを殴りつけたところ、棒からは釘が出ていたため、Vは傷害を負った。Xは、拾った棒から釘が出ていたことを全く認識していなかった。

事例11-1で、Xは暴漢に襲われていないのに暴漢に襲われたものと誤信してVに傷害を負わせている。つまり、正当防衛を基礎づける「急迫不正の侵害」が存在しないのに、存在すると誤信して反撃している。このような場合を誤想防衛と言うが（なお、誤想防衛には、**事例11-2**のように、急迫不正の侵害に対し必要最小限の反撃行為をしているつもりで、客観的には過剰な反撃をする場合や、**事例11-3**のように、急迫不正の侵害が存在しないのにあると誤想し、且つ、誤想した侵害に対する必要最小限の反撃をしているつもりで、客観的には過剰な反撃を行ったという場合もある）、違法性阻却事由に関する前提事情の錯誤、つまり、正当化事情の錯誤の典型例とされる。

「急迫性」の誤想は、故意を阻却する。

通説は、故意の認識対象を構成要件該当事実及び違法性阻却事由不存在の事実と考える。そのため、正当化事情の錯誤は故意を阻却する。違法性阻却事由

に該当する行為をしているつもりで行動している以上、行為者には違法性を基礎づける事実の認識が欠けるからである。**事例11‐1**に即して言えば、Xの行為は、傷害罪（204条）の客観的構成要件を充たし、また、Xはその事実を認識しているため、Xの行為には傷害罪の構成要件該当性が認められる。そして、「急迫不正の侵害」（36条1項）はないので正当防衛は成立せず、違法性は阻却されないが、正当防衛のつもりで行為したXには責任故意が欠けることから、故意が阻却され、故意の傷害罪は成立しないというわけである（「急迫不正の侵害」がないのにあると誤想して傷害を負わせたケースにつき、故意を阻却した下級審判例として、広島高判昭35・6・9判時236号34頁）。

　もっとも、問題はその後である。通説によれば、責任故意を否定して傷害罪の成立を否定した後、XがVを暴漢だと誤信したことについて過失があれば、過失致傷罪が成立する。即ち、過失致傷罪の成否について、過失致傷罪の構成要件該当性から検討することになるが、だとすると、いったん故意の傷害罪の構成要件に該当するとされた行為が過失傷害罪の構成要件にも該当することになり、構成要件段階では故意犯と過失犯とを区別するという機能が果たされていないと、正面化から認めることになる。

　このように、いったん構成要件該当性、違法性、責任が検討された行為について、再び構成要件該当性から検討を始めることを**ブーメラン現象**という。故意・過失を構成要件要素とする通説の体系によれば、誤想防衛のような正当化事情の錯誤において、ブーメラン現象が生じてしまう点は問題であろう。端的に、Xの行為は傷害罪（204条）の構成要件に該当し、「急迫不正の侵害」（36条1項）がないので正当防衛は成立せず、違法性は阻却されないが、正当防衛のつもりで行為したXには傷害罪という「罪を犯す意思」、つまり、傷害罪の故意が欠けるため傷害罪は成立せず、過失犯の限度で責任が問われ得ると説明する方が、思考経済に資すると言える。

過剰防衛の場合、過剰性の認識が欠ければ故意が阻却され、過失があれば過失犯が成立する。

　事例11‐2は、防衛行為を誤想したケースである。この場合にも、防衛行為の過剰性（＝違法性を基礎づける事実）の認識がなければ故意犯の成立は否定さ

れ、過剰性の認識（過剰と評価される事実の認識）を欠いたことに過失があれば、過失犯の成立が認められる。もっとも最高裁は、棒様のものを手にして襲いかかってきた相手に対して、その場にあった斧を斧ではない棒様のものであると誤信し、それを使って相手の頭を殴打したところ、相手を死亡させたというケースにおいて、斧はただの木の棒とは比べものにならない重量のあるものであるから、手に持って殴打するために振り上げれば、それ相応の重量は手に感じるはずであるとして、たとえ斧だと気づかなかったとしても過剰防衛（違法な事実の認識があった）と認めることができるとしている（最判昭24・4・5刑集3巻4号421頁）。

　事例11-3は、急迫不正の侵害が存在しないのに存在すると誤信した上、仮に急迫不正の侵害が存在したとしても反撃が過剰に及んでいる場合であり、誤想防衛の一種であるが、特に誤想過剰防衛と呼ばれている。この場合も、基本的には**事例11-1・11-2**と同じである。即ち、行為者に違法と評価される事実の認識があれば故意犯が成立し、それがなければ故意犯の成立は否定され、認識を欠いたことに過失があれば過失犯が成立する。**事例11-3**では、Ｖを暴漢と誤信した点では違法と評価される事情の認識が欠けるが、釘が出ている棒で殴りつけた点に関しては、棒から釘が出ていたことを認識していたか否かが問題となり、認識していない以上は故意が欠けるが、認識していないことに過失があれば、過失傷害罪が成立する。

[平山幹子]

12章　結果無価値論と行為無価値論

1　故意の体系的地位

1　結果無価値論と行為無価値論

> 結果無価値論とは、違法性の本質を法益侵害・その危険という結果に求める見解を言い、行為無価値論とは、違法性の本質を行為の規範違反性に求める見解を言う。

　結果無価値論とは、違法性の本質を法益侵害・その危険という結果に求める見解を言う。「違法」という否定的な価値判断（無（反）価値判断）が下されるのは、法益を侵害または危険を及ぼすという実質を有するためであるとされる。これに対して、行為無価値論とは、違法性の本質を行為の規範違反性に求める見解を言う。無価値判断が下されるのは、行為が法規範の根底にある社会倫理規範に違反するという実質を有するためであるとされる。この違法性の実質を巡る対立は、刑法がどのような行為を犯罪として抑止しようとしているかという問題でもあるから、結局、刑法の目的・機能・役割をめぐる立場の対立の延長線上にあると言える。

　刑法の目的を法益保護に求める立場からは、刑法が禁止すべき犯罪の本質は法益侵害行為または法益を危険にする行為である。従って、違法性判断の対象は原則として客観的事実であり、故意犯と過失犯では違法性は異ならず、責任が異なるに過ぎないことになる。また、その判断は事後的な裁判時を基準とした無価値判断である。これに対して、刑法の目的を社会倫理秩序の維持に求める立場からは、刑法が禁止すべき犯罪の本質は社会倫理規範に違反する行為である。従って、違法性判断の対象は故意・目的などの行為者の主観的事情を含み、故意犯と過失犯とでは違法性が異なることになる。また、その判断は行為時を基準としてなされる無価値判断である。

　このような結果無価値と切り離された行為無価値一元論は、道徳・倫理と法

を混同するものであり、心情刑法に陥り、罪刑法定主義の精神に反するとの批判が加えられている。心情刑法に陥らず、法益侵害・危険に刑罰権の行使を限定することにより刑法の謙抑性に応える結果無価値論には正しい核心がある。しかし、刑法が人間の行為を対象とする行為規範であることからすると、結果としての法益侵害・危険だけで違法とするのは、法秩序・法規範の本質から考えて、全面的に支持することはできない。

　こうして、**違法二元論**は、刑法の目的は法益保護にあると言うべきであるが、刑法の役割は、国民に「一般的にいって法益侵害が発生する可能性がある行為をしてはならない」という行為規範を事前に示して、その違反を処罰することにより社会秩序を維持することにあることから、**違法性の本質を社会倫理規範に違反する法益侵害**（法益侵害の行為規範による限定）**とする**のである。

　違法性の本質を巡る議論は、違法性阻却事由の解釈の指針として重要な基礎を提供するものではあるが、違法性に関する問題の解決が、全てこれにより論理必然的に異なるわけではなく、むしろ個別の違法性阻却事由の要件及びその解釈の問題が重要であることに注意すべきである。

2　主観的違法要素

主観的違法要素とは、行為の違法性の有無・程度に影響を及ぼす要素＝違法要素としての行為者の内心の態度を言う。

　違法要素とは、行為の違法性の有無・程度に影響を及ぼす要素を言い、**主観的違法要素とは、違法要素としての行為者の内心の態度を言う**。かつては、違法性の客観性という観点から、客観的要素のみを違法要素とすべきであり、主観的要素は全て責任要素とすべきである（「違法は客観的に、責任は主観的に」）とする見解が支配的であった。結果無価値論の立場からは、原則として主観的違法要素は認められないことになる。しかし、その後、目的犯における目的は、それに対応する客観的要素の存在を要しない**超過的内心傾向**であり、法益侵害の危険性に影響を与えるから、主観的違法要素を認めるべきであるとする見解が有力となり、ついで、偽証罪（169条）のような表現犯においても主観的違法要素を認める立場が支配的となった。更に、故意・過失も違法要素とする見解

が主張されるに至っている。

　刑法の裁判規範性を重視して、違法性判断の対象を客観的事実とする結果無
価値論は、原則として主観的違法要素を否定する。従って、故意犯と過失犯と
では違法性の程度は異ならず、両者の相違は責任にあるとして、故意・過失は
責任要素であるとする。しかし、行為者の主観的態度が行為の違法性の存否・
程度に影響を与えることは、主観的違法要素の理論が明らかにしたところであ
る。犯罪的結果を発生させてはならないという基本的な行為規範に直接違反す
る故意行為は非故意行為より強く禁止する必要があり、これを禁止する規範
は、過失行為を禁止する規範とは区別されると言える。そうすると、主観的違
法要素が類型化される以上、構成要件要素であることを否定する理由はない。
例えば、殺人罪（199条）と過失致死罪（210条）とは、その主観的要素である故
意・過失の相違により区別されるように、故意・過失は構成要件の主観的要素
（**主観的構成要件要素**）として犯罪を個別化する機能を有する（**構成要件的故意・過
失**）。違法二元論の立場からは、行為の法益侵害性、規範違反性に影響を及ぼ
す以上、主観的要素も違法要素と解すべきことになる。

　構成要件に主観的要素を導入すると、恣意的解釈のおそれがあり、構成要件
の罪刑法定主義的機能を害することになるとの批判もあるが、主観的要素も類
型化されて客観的に把握し得る以上はその批判は当たらないし、もしそうであ
るとすれば、主観的要素を責任要素とすることによっても回避することはでき
ないであろう。故意・過失を責任要素とする見解によれば、過失犯を処罰しな
い犯罪については、構成要件段階でそのことを示すことができないことにな
り、かえって罪刑法定主義機能を果たすことができない。

3　未遂犯の判定基準

> 構成要件的結果発生の客観的危険について、結果無価値論からは、科学的な法益
> 侵害の一定程度以上の可能性＝結果としての危険を言うとされ、行為無価値論か
> らは、社会心理的な一般人の危険感＝行為の危険を言うとされる。

　実行の着手時期に関する**客観説**によれば、未遂犯が成立するのは、構成要件
的結果発生の客観的危険が発生した時であるが、問題はこの客観的危険性の内

容及び判断資料である。危険性について、**刑法の裁判規範性**を重視する結果無価値論からは、裁判時を基準として、それまでに判明した全ての事情を基礎にした科学的な法益侵害の一定程度以上の可能性（**結果としての危険**）を言うとされる。これに対して、**刑法の行為規範性**を重視する行為無価値論からは、行為時を基準として、一般人が認識し得た事情及び行為者が特に認識した事情を基礎とした社会心理的な一般人の危険感（**行為の危険**）を言うとされる。

　この危険性を判断するための資料として行為者の主観的事情を考慮すべきかという点について、結果無価値論からは、故意は責任要素であり、客観的な危険の有無に行為者の主観的事情が影響を与えることはないとして、主観的事情は一切考慮すべきではないということになりそうである。しかし、例えば銃を人に向けてひきがねに手をかけた場合に、殺人未遂になるのか脅迫や強要になるのかは、故意を無視しては確定できないであろう。そこで、行為無価値論からは、行為の危険性に影響を及ぼすものとして、故意が考慮されることになるのである。

　なお、結果無価値論からも、罪名確定の限度ないしは必要な範囲で故意を考慮する、あるいは未遂犯における故意は主観的違法要素とするとの見解が主張されているが、違法性とは関係をもたない故意を未遂犯の違法性を確定する資料とするのは一貫しないし、同一の故意が未遂と既遂犯とで体系的地位が異な

サイドステップ：故意の体系的地位と犯罪論体系の関係

　故意の体系的地位については、第1に、違法性の本質についての結果無価値論と行為無価値論との対立が責任要素と違法要素の対立に反映される。第2に、構成要件と違法性・責任との関係についての考え方の対立が影響する。①構成要件を違法類型とする見解が結果無価値論と結びつけば、故意は責任要素とされる。行為無価値論と結びつけば、構成要件要素とされる。②構成要件を違法有責類型とする見解が結果無価値論と結びつけば、故意は責任要素の類型化としての構成要件要素とされる。なお、この立場からは、この構成要件的故意とは別に、違法性の意識（の可能性）ないしは違法性阻却事由の認識が責任を基礎づける責任要素としての故意は責任故意とされる。行為無価値論と結びつけば、違法要素（且つ責任要素）の類型化としての構成要件要素とされる。

るとするのは不自然であるとの批判が加えられている。

2　新旧過失論争

1　過失の実行行為

(1)　客観的注意義務違反

新過失論の功績は、過失犯における実行行為の存在を明らかにしたことにある。

　伝統的 (旧) 過失論は、注意すれば犯罪事実を予見できたのに不注意でその予見を欠き犯罪的結果を発生させたことに過失犯の処罰根拠を求め、**過失とは不注意という非難に値する心理状態**を言い、過失犯の本質は予見義務違反にあるとする。旧過失論によれば、過失は故意と並ぶ**責任要素**であり、行為の客観面では故意犯との相違はないから、構成要件及び違法性の段階では故意犯と過失犯との間に本質的相違はないことになる。

　しかし、社会生活上一般に要求される注意を尽くしてもなお結果の発生が回避できない場合は、その行為によって生じた法益侵害結果を違法とすることは許されないのではないか。旧過失論によれば、偶然や不可抗力によって生じた結果も、それが行為との間に因果関係が認められる限り、構成要件に該当する違法な結果ということになるが、それでは過失犯においては構成要件及び違法性の意味が失われてしまう。また、軽微な不注意でも重大な法益侵害を引き起こす場合があり、危険な行為とは結果の予見が可能な行為であるから、予見可能性を緩やかに解する限り、結果が発生した以上は過失犯が成立することになりかねない。現代社会においては、高速度輸送機関や危険な手術のように、ある程度結果発生が予見可能であっても承認されている行為が存在するのであり、旧過失論を徹底すると、過失犯の処罰範囲を適正に画することは困難になるとの批判が加えられた。

　そこで、過失を責任の問題とする前に、犯罪的結果を発生させないために、**社会生活上一般人に要求される注意を尽くすという行動基準＝客観的注意義務**を設定し、過失をこの基準から逸脱した注意義務違反「行為」として把握して、結果発生がある程度予見可能であっても、このような行動基準の範囲内に

ある限り、結果を生じさせた行為の違法性は阻却されるとして、過失を違法要素とする考え方(**新過失論**)が主張された。そして、過失は、社会生活上一般に要求される客観的注意義務違反という形で類型化されたものとして、構成要件要素に属することになる。こうして、**客観的注意義務に違反した一定の作為・不作為が過失犯の実行行為として捉えられる**。

　新過失論においては、客観的結果回避可能性が肯定されたときに、結果回避のために「社会生活上必要とされる適切な態度」は何かが確定され、**客観的結果回避義務**が生じる。結果回避措置を取らずに結果が発生した場合に客観的注意義務違反が確定し、過失犯の実行行為の客観的構成要件要素が充足される。従って、客観的結果回避可能性が否定されたときは客観的結果回避義務は生じないから、過失犯の実行行為性が否定されることになる。また、予見可能な法益侵害が発生しても、結果回避義務が尽くされていれば、即ち安全措置を取っていたのであれば、当該行為は基準行為の範囲内にとどまり、過失犯は成立しないのである。更に、**結果回避義務意を課す前提としての予見可能性**は、必ずしも高度のものである必要はなく、ただ、**予見可能性の程度に応じて、要求される結果回避措置の内容も変わり得る**ことになる(東京地判平13・3・28判時1763号17頁(薬害エイズ帝京大学事件)参照)。このように、新過失論の功績は、**過失犯における実行行為の存在を明らかにした**ことにある。この背景には、違法性は結果を発生させたことに尽きないとする行為無価値論がある。

　結果無価値論からは、過失犯独自の違法性を認めることは主観的違法要素、主観的構成要件要素の肯定につながり、客観的違法性論の見地からは容認できないとして、従来どおり過失は責任要素として予見可能性を中心に構成すべきであると主張された。もっとも、新過失論からの批判に応えて、実行行為性を問題とせず、結果と因果関係のある行為すべてを違法評価の対象としていた点を修正して、結果発生の「**実質的で許されない危険**」を有する行為を過失の実行行為として、構成要件・違法性の段階で過失犯の成立を限定する**修正された旧過失論**が主張されるに至っている。

(2)　過失共同正犯

過失犯の実行行為を認める新過失論によれば、犯罪共同説からも過失共同正犯の成立を肯定することはできる。

> **事例12−1**　Ａ自動車製造会社では、自社の自動車の欠陥が科学的に判明した段階で、以前に販売された自動車のリコールが取締役会で議論されたが、多数の取締役が問題はないだろうと安易に考えて放置し、その欠陥のために運転者等が死亡した。Ａ社においては、取締役の１人がリコールを提案し、説得を試みたとしても、おそらく放置という結論が変更されない可能性が高かった。

　事例12−1の場合、取締役らに業務上過失致死罪の共同正犯は成立するであろうか。

　かつては、**行為共同説**からは、自然的行為の共同があれば共同正犯が認められるから、過失共同正犯も認められるが、**犯罪共同説**からは、過失犯は無意識を本質とし、犯罪的共同意思はあり得ないから、過失共同正犯は認められないと理解されていた。しかし、故意犯と過失犯の違法性における相異を前提とし、**客観的注意義務違反に過失犯の実行行為を認める新過失論**の立場からは、危険な行為の遂行にあたり、相互に利用・補充しあって結果を防止するための共同の注意義務が課せられており、それに共同して違反した場合は、過失犯の実行行為の共同が認められるから、犯罪共同説からも過失共同正犯の成立を肯定することはできる。これに対して、旧過失論においては、行為共同説を前提として、作為犯の場合には共同の義務は認められないから、共同正犯と評価できるだけの重大な寄与と各人の予見可能性、あるいはこれに加えて共謀や実行段階での双方向的な強化促進といった相互的因果的影響が肯定されれば、過失共同正犯の成立が肯定される。

　こうして、共同正犯の成立要件が充足される以上、過失共同正犯の成立を認めるべきであり、**事例12−1**では、業務上過失致死罪の共同正犯が成立し得るというべきであろう（最決平28・7・12刑集70巻6号411頁参照）。

2　注意義務の内容と標準

⑴　注意義務の内容

⒜　予見可能性

> 旧過失論からは、処罰に値する責任の実質を担保するための責任要素として予見可能性が要求されるのに対して、新過失論からは、過失の違法性を基礎づける結果回避義務へと動機づけるために予見可能性が要求される。

　過失犯の成立要件の中核である注意義務は、客観的予見可能性を前提とする結果予見義務と、客観的結果回避可能性を前提とする結果回避義務から成る。予見可能性については、旧過失論からは、処罰に値する責任の実質を担保するための責任要素として要求される。これに対して、新過失論からは、過失の違法性を基礎づける結果回避義務へと動機づけるために要求される。

⒤　予見可能性の対象

> 予見可能性の対象は、故意の成立に必要な認識の対象である行為・客体・結果・因果関係に及ぶ必要がある。

> **事例12-2**　Xは、制限速度を時速30km以上超過して軽トラックを運転中、ハンドル操作を誤り、信号柱に自車を激突させ、その衝撃により同乗していたV1に傷害を負わせた。また、知らないうちに荷台に乗り込んでいたV2、V3が、衝突の衝撃でトラックから転落して死亡した。

　判例は、予見可能性とは、「特定の構成要件的結果及びその結果の発生に至る因果関係の基本的部分の予見」可能性を意味するとする（札幌高判昭51・3・18高刑29巻1号78頁（北大電気メス事件））。客体については、錯誤論において具体的符合説を採用し、旧過失論から過失を故意の可能性とする立場からは、現に侵害された客体に対する結果発生の予見可能性が必要であるとされる。これに対して、錯誤論において法定的符合説を採用し、新過失論から結果回避義務へと動機づける程度の予見可能性とする立場からは、ある客体について予見可能であれば、それと構成要件のレベルで符合する範囲で予見可能性が認められる傾向がある。

ある客体に発生した結果との関係において、当該行為に過失の実行行為性が認められる限り、当該行為が有する危険がその客体に実現したと言えるのであるから、その実行行為の類型的危険が及ぶ範囲内で結果が発生した客体についても予見可能性が認められると言ってよい。判例も、事例12－2の場合に、「無謀ともいうべき自動車運転をすれば人の死傷を伴ういかなる事故を惹起するかもしれないことは、当然認識しえたものというべきであるから、たとえ被告人が自車の後部荷台に前記両名が乗車している事実を認識していなかったとしても、右両名に関する業務上過失致死罪の成立を妨げない」とする（最決平元・3・14刑集43巻3号262頁参照）。

なお、具体的符合説と旧過失論からも、故意行為は発生した犯罪的結果に向けられた行為であるのに対して、過失行為は発生した犯罪的結果とは別の適法な目的に向けられた行為であり、発生した結果は適法な目的を追求する過程で生じ得る副次的効果に過ぎないから、当該行為が類型的に有する危険の範囲内に存在する客体に、その危険が実現したと言える範囲で予見可能な結果を考えるべきであるとする見解もある。また、具体的客体に予見可能性を要求する立場においても、概括的故意と同様に概括的過失も認められるから、当該行為から生じ得る結果が概括的に予見可能であれば足りるとも言われている。

　(ii)　予見可能性の程度

予見可能性があると言うためには、具体的な予見可能性が必要である。

> 事例12－3　電車運転手Xは制限速度を大幅に超過して右湾曲線に侵入したために、電車が脱線して線路わきのマンションの外壁に衝突し、多数の死傷者が出た。なお、改良された自動列車停止装置（ATS）を設置すれば事故は防止できたが、行為当時、このような事故は想定されておらず、転覆防止のためにATSを整備する必要性の認識は、鉄道業界にはなく、法令上も要求されていなかった。

予見可能性は、新過失論においては一般人を結果回避措置へと動機づけるものとして、旧過失論においては処罰に値する責任の実質を担保するものとして、それに足りる程度の具体的な予見可能性が必要である。これに対しては、企業災害等の未知の危険により結果が発生した場合に過失責任を問うために、

何が起きる分からない危惧感を解消する措置を取らないという客観的に落度の
ある行為を過失として、予見可能性は結果発生についての漠然とした危惧感、
即ち抽象的予見可能性で足りるとする**危惧感説**（新新過失論）が主張されてい
る。危惧感説を採用した判例としては、森永ドライミルク事件差戻し後第１審
判決（徳島地判昭48・11・28刑月５巻11号1473頁）がある。しかし、危惧感説は、法
益侵害結果との関連性を切り離し、予見可能性を過度に抽象化するために、過
失犯の成立範囲が無限定となり、結果責任を認めるに等しく、責任主義に反す
ると批判されている。より正確には、その前提とする行為無価値一元論が、法
益侵害結果に応じて犯罪の構成要件を区別している現行法の解釈として適切で
ないとの批判が可能であろう。判例においても、上記判例以外の判例は、危惧
感説を採用していない（前掲札幌高判昭51・3・18）。**事例12-3**の場合も、特に本
件曲線が事故発生の危険性が高い曲線として認識できたとは認められないとし
て、事故発生の危険性の予見可能性が否定された（最決平29・6・12刑集71巻５号
315頁（JR福知山線脱線事件））。

　(b)　結果回避可能性

**結果回避措置を取れば結果を回避することができたと言えなければ過失犯は成立
しない。**

　結果回避可能性については、新過失論からは、過失の中核的要素であり、故
意犯にはない**過失独自の違法要素**である結果回避義務の前提として必要とされ
る。結果回避可能性が肯定されたときに、結果回避のために「社会生活上必要
となる適切な態度」は何かが確定され、結果回避義務が生じる。従って、結果
回避可能性が否定されたときには結果回避義務は生じないから、過失犯の実行
行為性が否定されることになる。これに対して、旧過失論からは、故意犯と共
通の構成要件的結果惹起を内容とする構成要件該当性の要件ということにな
る。結果回避可能性が否定されたときは、実行行為がなかったとしても結果が
発生したとして条件関係が否定されることになる。

事例12 - 4　タクシー運転手Xは、見通しの悪い交差点に減速・徐行しない
まま時速30〜40kmで進入したところ、時速70kmで進行してきたYの運転する普
通乗用自動車と衝突した。この結果、Xの車に同乗していたVが死亡した。Y
は、対面信号機が赤色点滅であったにもかかわらず、一旦停止せずに進行して
いたので、仮にXが時速10〜15kmで交差点に進入していたとしても、Y車との
衝突は避けられなかった可能性があった。

　事例12 - 4の場合、いずれの立場においても、何らかの落度ある態度、例え
ば黄色点滅信号の交差点への進入に当たり道路交通法上の徐行義務違反があ
り、左方道路から時速約70kmで進行してきた自動車と衝突して、その運転者が
死亡した場合、どのような結果回避措置を取るべきであったかが問題となり、
時速10〜15kmに減速して安全を確認するべきであったとしも、そのような結果
回避措置を取れば結果を回避することができたと言えなければ過失犯は成立し
ないのである（最判平15・1・24判時1806号157頁（黄色信号点滅事件））。

(2)　過失の標準

予見可能性は、当該状況に置かれた行為者と同じ立場にある一般通常人を基準と
して判断される。

事例12 - 5　医師Xは、患者Vに対して治療を施したが、治療が功を奏さず
Vの症状が悪化して死亡した。なお、Xの施した治療は、行為当時の医学水
準に則ったものであり、他の専門医でも同様の治療を施したであろうという
治療方法であった。

　客観的注意義務の発生根拠である客観的予見可能性及び客観的結果回避可能
性の判断基準については、従来、過失の判断基準の問題として見解の対立のあ
るところである。過失を責任要素とする旧過失論からは、行為者の能力を基準
として判断すべきであるとされる（**主観説**）。これに対して、過失を違法（主観
的構成要件）要素とする新過失論からは、客観的注意義務は過失犯の実行行為
の客観面を基礎づけ、結果回避のために社会生活上一般人に要求される適切な
措置の前提となるべきものであるから、その発生根拠である客観的予見可能性

及び客観的結果回避可能性は、社会一般の通常人ではなく、**当該状況に置かれた行為者と同じ立場にある一般通常人を基準**として判断されるべきであるとされる（**客観説**）。例えば、**事例12－5**の場合と同様に、血友病患者が大学付属病院において非加熱濃縮血液凝固因子製剤の投与を受けたところ、同製剤にHIVが混入していたためにこれに感染し、エイズを発症して死亡した場合に、同病院の第1内科長及び同内科血液研究室主宰者であり、血友病治療の最高権威である行為者の注意義務は、このような行為者の属性を類型化した「通常の血友病専門医」の注意能力が基準になる（前掲東京地判平13・3・28）。

　なお、過失責任は、注意すれば犯罪的結果を予見でき、予見すれば、それに基づいて結果を回避するために自己を動機づけることが可能であるのに、不注意により結果を発生させたという反規範的な意思活動を根拠とする。不注意とは、元来精神を緊張させるべきであり、且つ緊張させることができたのに緊張させなかったという内心の態度を基礎とするものであるから、注意義務には、客観的注意義務と並んで、一定の内心的態度を取るべき義務としての**主観的注意義務**が含まれる。この立場からは、過失犯が成立するためには、客観的注意義務違反に加えて、行為者の能力を基準とした主観的予見可能性及び主観的結果回避可能性を前提とする主観的注意義務違反が必要とされることになる。

3　許された危険

許された危険とは、社会生活上不可避的に存在する法益侵害の危険を伴う行為について、それが社会的に有用であり、その危険性を減少させる適切な基準行為の範囲内にあるのであれば、その行為は適法として許容されるとする考え方を言う。

　結果回避義務違反を過失の中核とする新過失論の背景には、高速度交通機関や先端医療など、社会生活上必要不可欠な行為は、たとえ一般的には危険であることが明らかであっても、それがなければ現代の高度に技術化した社会は成り立たないから、その社会的有用性・必要性を考慮して、一定の範囲内で許されるとする必要性が生じるとの考え方がある。

　結果回避のために社会生活上一般人に要求される注意を尽くすという行動基準＝客観的注意義務を設定し、過失をこの基準から逸脱した注意義務違反「行

為」として把握して、結果発生がある程度予見可能であっても、このような行動基準の範囲内にある限り、結果を生じさせた行為の違法性は阻却されるとして、過失は違法要素であり、社会生活上一般に要求される客観的注意義務違反という形で類型化されたものとして、構成要件要素に属することになり、客観的注意義務に違反した一定の作為・不作為を過失犯の実行行為として捉える新過失論は、**許された危険の過失犯への反映**であるとも言える。新過失論においては、客観的結果回避可能性が肯定されたときに、結果回避のために「社会生活上必要とされる適切な態度」は何かが確定され、客観的結果回避義務が生じる。結果回避措置を取らずに結果が発生した場合に客観的注意義務違反が確定し、過失犯の実行行為の客観的構成要件要素が充足される。従って、予見可能な法益侵害が発生しても、結果回避義務が尽くされていれば、即ち安全措置を取っていたのであれば、当該行為は基準行為の範囲内にとどまり、過失犯は成立しないのである。

　これに対して、旧過失論からは、故意・過失に共通する具体的違法性の問題として、一般的には危険な行為であっても、社会的に有用な行為であり、その危険性を減少させるための適切な措置があれば、通常結果の発生があり得ない程度にまで危険性は減少し、残された危険は法的に許されたものと考えることができ、その行為から結果が発生しても違法性を阻却するとされる。あるいは、修正された旧過失論から、一定の(許されない)危険を備えた行為が行われ、その危険が現実化した場合に限って構成要件該当性を認めるべきであり、許された危険の場合は、危険な行為の遂行自体が許される以上、その危険の現実化として結果が生じたときに過失犯の成立を肯定することは、行為遂行の許容と矛盾するとして、実行行為性あるいは条件関係、客観的帰属を否定する見解も主張されている。

4　信頼の原則

> 信頼の原則とは、複数の者が関与する事務に関して、他の関与者が規則を守り適切な行動を取るであろうことを信頼するのが相当である場合には、たとえ他の関与者が規則を無視するなどの不適切な行動を取り、それと行為者の行動とがあいまって犯罪的結果が発生しても、行為者は発生した結果に対する過失責任を問われることはないとする原則を言う。

> 事例12 - 6　原動機付自転車を運転していたXは、進路右側の小路に入るために、右折の合図をしながら時速約20kmで右折を始めたが、その際、右後方の安全を十分確認しなかったため、Xの右後方を時速70kmで自動二輪車を運転して、Xを追い抜こうとしていたVを発見できず、自転車を自動二輪車に接触させVを転倒させた。その結果、Vは頭部外傷により死亡した。

　信頼の原則は、許された危険と同様に、現代の高度技術化社会の要請を背景として、一定の条件の下では、たとえ事実上予見可能性があっても過失犯の成立が否定されるという意味で、過失責任を緩和するための原則と言うことができる。**事例12 - 6**の場合、判例は、「センターラインの若干左側から、右折の合図をしながら、右折を始めようとする原動機付自転車の運転者としては、後方からくる他の車両の運転者が、交通法規を守り、速度を落として自車の右折を待つて進行する等、安全な速度と方法で進行するであろうことを信頼して運転すれば足り、……あえて交通法規に違反して、高速度で、センターラインの右側にはみ出してまで自車を追越そうとする車両のありうることまでも予想して、右後方に対する安全を確認し、もつて事故の発生を未然に防止すべき業務上の注意義務はないものと解するのが相当である」としている（最判昭42・10・13刑集21巻8号1097頁）。

　過失犯の成立が否定される根拠については、旧過失論からは、他人の適切な行動を信頼してよい場合とは、他人の不適切な行動は予見できないという場合であり、信頼の原則は**具体的予見可能性の判断基準の1つ**であって特別な原則ではないとされる。また、高度の予見可能性までは要求せず、且つ、許された危険の法理を用いる立場から、信頼の原則は、過失が認められても実質的違法性が阻却される場合であるとの見解も主張されている。これに対して、新過失

論からは、信頼の原則は**社会的行動基準**の1つとして、そのあり方が注意義務の内容を決定する一例であり、予見可能性が認められても注意義務（予見義務ないし結果回避義務）が限定される特別な原則と理解されることになる。

［松原久利］

13章　共犯の処罰根拠と従属性

1　因果的共犯論と犯罪共同説・行為共同説

1　因果的共犯論

共犯は正犯の実現した結果と因果性を有するがゆえに処罰される。

　刑法典各則の条文は単独正犯を想定して規定されているが、それ以外の形で犯罪に関与した場合でも、総則の共犯規定を介して処罰の対象となり得る。では共犯が、自身が犯罪を実現していない場合であっても共犯規定により処罰を拡張されるのはなぜだろうか。これを論じるのが共犯の処罰根拠論である。

　かつては正犯を罪責に陥れたことを理由に処罰されるのだとする**責任共犯論**、あるいは、正犯の違法を誘発・助長したことに処罰理由を求める**不法（違法）共犯論**が主張されていたが、必要的共犯の一種である片面的対向犯が不可罰となる理由を整合的に説明できないといった点で批判され（後述2⑶）、現在では、構成要件該当結果（法益侵害）に対する物理的・心理的な因果性に共犯の処罰根拠を求める**因果的共犯論**が一般的となっている。これは構成要件該当結果を正犯と共に惹起した点に共犯の処罰根拠を求めるという意味で、**惹起説**と呼ばれることもある（惹起説内部でも正犯不法との関係をどう捉えるかによって更に説が分かれる）。

　通説によれば因果的共犯論は共同正犯にも妥当するとされており、特に、**承継的共同正犯**（本章2節2）や**共犯関係からの解消**（本章2節3）においては、因果性の有無が共犯成否の重要な判断基準になるとされている。

　もともと共犯の処罰根拠論はドイツにおいて身分犯の共犯、必要的共犯等との関係を念頭に議論されてきたものであるが（後述2⑶参照）、そこに言う共犯とは狭義の共犯を指し、共同正犯はこれに含まれていない（ドイツでは非身分者は真正身分犯の狭義の共犯にしかなり得ないとされているため）。

　惹起説は、結果の惹起に共犯の処罰根拠を求める見解であるが、その結果を
どのように捉えるかについては、更に説が分かれている。上では「因果的共犯
論＝惹起説」としたが、厳密には、惹起説は「構成要件該当結果が関与者ごと
に異なる」ことを重視しているのに対し、因果的共犯論は必ずしもそうではな
いという指摘がある。

2　犯罪共同説と行為共同説

　**共犯とは、犯罪を部分的に共同するものであるとする見解と、行為を共同するも
のであるとする見解とがある。**

　共犯において共同の対象となっているのは何だろうか。これを「犯罪」と考
える見解が**犯罪共同説**である。例えば60条では「共同して犯罪を実行した」と
規定してあるので、共犯とは「Vを殺害する」「Vの店で窃盗する」など、特定
の犯罪を実現することであり、基本的には故意の同一の犯罪を共同することを
意味する（**完全犯罪共同説**）。

　これに対して各人が「行為」を共同しつつ、それぞれの犯罪を実行するのが
共犯であると考えるのが、**行為共同説**である。そこでは「行為」が共同されて
いればよいので、共犯者の間で特定の犯罪を目指したかどうか、という意思疎
通は問題にならず、過失の共犯も一般に肯定される（12章2節1(2)）。

　しかし、完全犯罪共同説の立場からすると、共犯が認められる範囲がかなり
限定されることになるため、異なる犯罪であっても両者の構成要件が重なり合
う限度で共犯を認めるべきとする**部分的犯罪共同説**が主張されるようになり、
通説化した。ただこの見解は、重なり合わずにはみ出す部分がどのように処理
されるのかといった点に課題を残している（この点については後述2節1を参
照）。

　判例は、「殺人罪の共同正犯と傷害致死罪の共同正犯の構成要件が重なり合
う限度で軽い傷害致死罪の共同正犯が成立する」（最決昭54・4・13刑集33巻3号
179頁）としており、完全犯罪共同説を採用していないことは明らかであるにし
ても、部分的犯罪共同説、行為共同説、どちらからも説明可能であるとされ、
学説上はいずれの説も有力である。学説の対立は部分的犯罪共同説の登場に

よって若干緩和されてはいるが、犯罪共同説が関与者相互の意思連絡を重視し、それによって相互の行為を利用・補充する点に、共同正犯に言う一部実行全部責任の根拠を見出すのに対し、因果的共犯論を前提とした行為共同説の場合、他者を通じた結果に対する因果性にそれを見出すことから、過失の共同正犯の捉え方や、後述する**片面的共同正犯**を認めるか否かといった点でなおも相違がある。

　古くは、行為共同説は主観主義に結びつくものとされていた。というのも、主観主義の立場からは、犯罪は個人の悪性の現れであって、各人によって異なるものであり、共犯という現象も事実的な共同に過ぎず、各人はそれぞれの犯罪を実現するものであるから、異なる犯罪であっても共犯関係は認められる、と考えられたのである。これに対して、客観主義は行為の外部的な評価を問題とするので、共犯の場合も、構成要件に該当する実行行為を共同して行う場合であるとして、「同一の犯罪」であるかどうかが重視され、犯罪共同説を主張する論者が多かったという経緯がある（10章2節1項）。

　しかしながら現在の犯罪論は客観主義を前提に議論され、この立場からも行為共同説が主張されるようになっている。そこでは、因果的共犯論と結びつき、共犯も他人の行為を通じて結果と因果関係を持つもの、と理解されている。このように、同じ見解であってもその前提となる理論的基盤は異なることがあるので、単純な図式化には注意が必要である。

(1)　片面的共同正犯

片面的共同正犯は否定されるが、片面的幫助は肯定される。

　共同正犯とは、「犯罪を共同して実行する」と定義されている通り、通常は「一緒に強盗をしよう」等、共通の意図を持って犯罪を遂行するものと想定されている。しかし、一方の者に共犯という認識がない場合が**片面的共同正犯**であり、これを認めることができるかどうかについては争いがある（8章2節）。

事例13-1　XがVを殺害しようとして銃で狙いを定めているところ、Yがそれに気づき、前々からVに恨みを抱いていたので、Xと共にVを殺害しようと狙いを定めた。X、Yは同時に銃を発射し、弾丸が命中したVは即死した。

　ここでXはYの存在を知らないので、両者に双方向的な意思連絡はない。一般的に、犯罪共同説からすれば実行共同の意思がない場合に「共同正犯」を認めることはできないとの理論的帰結に至り、判例もこのような場合に共同正犯の成立を否定する（大判大11・2・25刑集1巻79頁）。否定説は60条の「共同して犯罪を実行」との文言には片面的な場合は含まれないと解するが、その根底には、「一部実行全部責任」の原則を認める共同正犯の場合、相互の意思疎通があってこそ相互の利用・補充関係が肯定され、相互的な行為帰属が可能である、との考えがある。

　学説でも片面的共同正犯を否定する見解が通説とされてきたが、共犯者間における犯罪実現の意思連絡を重視しない行為共同説の有力化に伴い、片面的共同正犯肯定説も増えている。因果的共犯論の立場からも、Yの行為もXの行為を通じてVの死亡結果との物理的な因果性が肯定されるのであるから共同正犯が認められる、と根拠づけられ得る。これを肯定するならば、上の**事例13−1**において、Vの死亡という結果がX、Y、どちらの行為から生じたのかが証明できない場合であっても、Yには（共同正犯であるためにX及びYの行為から生じた結果の帰属が認められるから）殺人既遂を認めることが可能となる。これに対して共同正犯関係が認められなければ、XもYも殺人未遂の同時犯（つまり単独正犯が並存する）にとどまることになる。

　このように、片面的共同正犯を認めるか否かについては争いがあるが、片面的幇助については一般的に肯定されている（8章2節4）。

事例13−2　　Yは、Xが賭博を行って利を図っていることを知りながら、Zを賭博場へ誘い賭博をさせて、Xの賭博開張を助けた。しかしXはYの幇助行為を認識していなかった。

　この事案でXは一方的にYの行為を幇助していると言えるが、正犯であるYはそれを知らない。判例はこれと同種の事案において、幇助者と正犯との間には相互的な意思連絡があることは必要ではなく、正犯が幇助行為を認識する必要はないとして、賭博場開張罪の幇助犯を認めている（大判大14・1・22刑集3巻921頁）。学説上も、片面的共同正犯は否定されるが、**片面的幇助**は肯定される、とする見解が多数である。その理由は62条の文言が「正犯を幇助した」と

特に正犯との意思連絡を要するような規定形式とはなっていないこと、また、帮助の場合は共同正犯とは異なり、一部実行全部責任の原則が妥当せず、あくまで他者の犯罪を手助けするという類型であって、刑が必要的に減軽されるという点にも求められる。また、行為共同説の立場からすれば、肯定されることになる。

(2)　アジャン・プロヴォカトゥール

アジャン・プロヴォカトゥールは「未遂の教唆」として不可罰とされる。

アジャン・プロヴォカトゥール（agent provocateur）とは、捜査機関やその依頼を受けた捜査協力者が、自身の身分や意図を相手方に秘して他人に犯罪を実行するよう働きかけ、その者が犯罪の実行に着手した時点で逮捕する、というおとり捜査の協力者を指す。この場合の正犯は未遂として可罰的となるが、ここで他者に犯罪を働きかけた捜査側の者も、教唆犯としての罪責を負うか否かが問題となる。初めから未遂に終わらせる意図である以上、「未遂の教唆」であり、犯罪の実現を目指して教唆したものの正犯がたまたま失敗に終わったという通常の「教唆未遂」の場合とは異なっている点に特徴がある。

共犯の処罰根拠において、正犯を不法ないし責任に陥れたことを理由に共犯が処罰されるとするなら、アジャン・プロヴォカトゥールも未遂とはいえ、正犯の不法ないし責任は肯定されるのだから、可罰的ということになる。これに対して、正犯を介した構成要件的結果の惹起にあるとすれば、共犯の故意は当然に正犯結果を認識するものでなければならず、最初から未遂に終わらせる場合には教唆の故意が欠けるとして不可罰であると考えられる（8章2節3）。

(3)　必要的共犯

(a)　必要的共犯の意義

当該犯罪が成立するために必ず2人以上の者の存在を要するものが必要的共犯である。

共犯には、殺人や強盗のように、単独でも実行可能であるが2人以上でなされ、総則の共犯規定の適用対象となる場合と、犯罪類型それ自体が2人以上の者の存在を前提としている場合とがある。後者の代表例である収賄罪は「賄賂

を収受する」罪であるが、「収受する」ためにはその賄賂を「贈る」人がいることが必要不可欠である。このように、犯罪が成立するためには必ず2人以上の存在を必要とする類型の共犯を、「**必要的共犯**」と言う（これに対し、単独でも実現可能であるが複数人でなされた場合を「**任意的共犯**」と呼ぶ）。

　その中でも、同一方向に向けられた複数人の行為を要件とする内乱罪や騒乱罪を「**集団犯（多衆犯）**」と言い、これに対して、上述の収賄と贈賄のように、向き合った意味の行為を要件とするものを「**対向犯**」と言う。対向犯の中でも、重婚罪（184条）、収賄罪（197条）・贈賄罪（198条）のように、対向関係にある当事者のどちらもが処罰される類型もあるが、わいせつ物販売罪（175条）におけるわいせつ物の買い手のように、当然想定される行為であるにもかかわらず処罰規定が置かれていない（つまり対向する関係にある者の一方にのみ処罰規定が

サイドステップ：アジャン・プロヴォカトゥールと刑事手続上の問題

　おとり捜査は、薬物犯罪など、通常の捜査方法だけでは摘発が困難な犯罪類型において一定の要件があれば許容されるとされており、法律でも条文上、捜査官が薬物や銃器を譲り受ける行為を予定しているものがある（麻薬及び向精神薬取締法58条、銃砲刀剣類所持等取締法〔銃刀法〕27条の3等）。

　但しこのような捜査手法は、本来犯罪を抑制すべきはずの国家が犯罪を誘発している側面を持つことは否めない。そこでアメリカでは、犯罪が捜査官によって誘発されたものである場合には「わなの抗弁（entrapment defense）」によって、唆されて犯罪を実行した者が無罪となる場合があることを認めてきた。そして日本の刑事訴訟法の領域では、従来、おとり捜査を「犯意誘発型」と「機会提供型」とに分け、前者の場合には違法となるとしていたが、近時は更にそのような手法を用いる必要性や相当性といった要素も、捜査の適否の判断基準に組み入れるべきだという見解が主張されている。いずれにしても「通常の捜査方法のみでは当該犯罪の摘発が困難である場合に」（最決平16・7・12刑集58巻5号333頁）、極めて限定的に許容すべきものであろう。捜査が違法であると認められた場合、教唆された者が、実体法上、無罪となるか否かについては議論があるが、訴訟法上認められる効果としては、公訴棄却、免訴、証拠排除の可能性があるとされる。

ある）場合もあり、これを「**片面的対向犯**」と言う。これに総則の共犯規定の適用があるかどうかについては、以下に見るように争いがある。

　(b)　片面的対向犯の不処罰

片面的対向犯の相手方は、原則的には不処罰である。

　必要的共犯であるにもかかわらず、一方の行為にあえて処罰規定が置かれなかった片面的対向犯については、対向関係にある者を不処罰とするのか、あるいは処罰規定のある行為の共犯として処罰するのか、という問題がある。例えば、弁護士法72条では、弁護士でない者が報酬を得る目的で訴訟などの法律事務を取り扱うこと（非弁活動）を禁じているが、当然、事件の依頼者の存在が予想されるので、以下のような事案が生じ得る。

事例13-3　Xは、弁護士でないY、ZにVとの示談交渉を依頼し、実際に交渉させた上、報酬を支払った。

　YとZの行為は非弁活動として処罰の対象となる。では、Xはどうだろうか。最高裁はこれと同種の事案でXに弁護士法違反教唆を認めた原判決を破棄し、無罪として、次のように述べた。「ある犯罪が成立するについて当然予想され、むしろそのために欠くことができない関与行為について、これを処罰する規定がない以上、これを、関与を受けた側の可罰的な行為の教唆もしくは幇助として処罰することは、原則として、法の意図しないところと解すべきである」（最判昭43・12・24刑集22巻13号1625頁）。

　このように、判例は、立法者があえて処罰規定を置かなかったのであるから不処罰とすべきであると理解している。しかしこのように立法者意思に不処罰の根拠を求める場合、立法者が想定していた以上に働きかけをしたという事案においては、共犯の成立を肯定すべきだとする見解も有力である（この事件で最高裁が「原則として」とあえて述べているのもそのような趣旨であると理解されている）。しかしこれに対しては、どの程度の行為になれば可罰的な関与行為と評価されるのか、その限界づけが不明確であって、相手方の誘いに乗じて関与した場合以外は常に可罰的となってしまうのではないか、との懸念が示される。

　そこで、この問題をより実質的に犯罪成立の問題と関連付けて説明する見解

（実質説）が主張されることになる。

　その１つが、相手方の被害者性に着目する見解である。例えば煙草を相手方が未成年者と知って販売した者は、未成年者喫煙禁止法違反の正犯として処罰されるが、その販売をさせた未成年者自身は「被害者」であって教唆犯とはならないように、上記非弁活動の禁止の事案も、事件の解決を依頼する者の利益を保護法益とするものであり、その依頼者自身が「被害者」となるため違法ではなく不処罰となる、とするのである。これは共犯の処罰根拠における惹起説（本章１節１）の立場からも、法益主体は自らの法益侵害結果を惹起できないとして同様に説明できる。

　更に、期待可能性の欠如を根拠とする場合もある。例えば、犯人蔵匿罪において、犯人自身が隠れる行為は刑法上処罰の対象とならない（103条）が、この犯人自身の不処罰は、一般的には犯人には適法行為の期待可能性が欠け、責任が存在しないためであると説明されることから、他人に自己を蔵匿するよう唆

サイドステップ：必要的共犯と共犯の処罰根拠論

　ドイツでは、共犯の処罰根拠論は必要的共犯の議論と密接に関係して議論されてきた。特に、真正身分犯における非身分者及び片面的対向犯の関与者は、いずれも正犯としては処罰されないが、共犯になると、前者は可罰的、後者は不処罰となるため、これを整合的に説明することが求められたのである。不法ないし責任共犯論を採用すると、片面的対向犯の場合にも相手方を犯罪へ誘致したことに変わりないので、一方の対向者を不処罰とする根拠を、立法者意思等、処罰根拠とは異質な点に求めざるを得ない。

　惹起説は、必要的共犯の不可罰性を「その者自身から見て構成要件該当結果を惹起していない」ことを理由に説明できる。例えば、自己の殺害を他者に依頼する者が、その殺害が未遂に終わったとしても嘱託殺人未遂の教唆犯として処罰されないのは、「他人の死」という結果を惹起しようとしていないから（その者にとっては「自己の死」）である。この立場からは「他人性」が構成要件結果の要素となる犯罪では、正犯と共犯とで結果の有無が異なり得る。刑法学一般に言えることではあるが、特に共犯論は他の様々な論点と関わっている点に留意しておく必要がある。

す犯人についてもやはり期待可能性はなく、不処罰であると主張される。な
お、惹起説の立場からは、そもそも103条についても犯人自身は構成要件を実
現できないので、共犯として処罰できないのではないか、と指摘され得る。

　ただ、判例では、犯人自身が他人に犯人蔵匿や証拠隠滅を唆した場合を「防
禦権の濫用」として、教唆犯の成立を認めている（最決昭40・2・26刑集19巻1号59
頁、最決昭40・9・16刑集19巻6号679頁）。しかしながら、このような帰結に対して
は、直接的に実行した場合には不処罰である行為を、間接的な形態の場合に可
罰的とすることは、他人を刑事責任に陥れたことを理由として処罰する、不法
ないし責任共犯論を取るものではないか、との批判がなされている（なお、最
決令3・6・9裁時1770号24頁における山口厚裁判官の反対意見）。

2　罪名従属性

1　共犯の過剰

> 共犯の過剰事例では、共犯者には、その者自身が認識していた軽い罪の限度で共
> 犯が成立する。

　共犯の成立要件（8章1節）において、狭義の共犯は二次的な責任を負うこと
を確認した。そこから、共犯の可罰性を認めるためには、正犯が犯罪の実行に
着手したことが必要であるとする実行従属性が要求され、これは、自らが実行
行為をしない共謀共同正犯（8章2節2）の場合も同様である。そして、狭義の
共犯が成立するために、一般には、正犯に構成要件該当性・違法性といった要
素が認められる必要がある（制限従属性説）という要素従属性も問題となる。更
に、共犯の罪名が正犯の罪名に従属するのかという、いわゆる罪名従属性も問
題となり得る。

　前述の**犯罪共同説**に依拠するなら、共犯は「犯罪」を共同するものであるか
ら、基本的には罪名従属性が要請され、共犯間で成立する犯罪が異なる場合に
は、重なり合う範囲内で共犯となる。これに対して行為共同説によるなら、行
為者ごとに成立する犯罪は異なるため、罪名の従属はそもそも問題とならない。

　こうした理解を前提とした上で、共犯の錯誤の中でも、実行行為者が、共犯

の認識以上のことを実現したという**共犯の過剰**という事例を検討してみよう（正犯と共犯の錯誤の事例一般については、8章3節2を確認）。

> **事例13−4**　Xは、借金の返済に苦労していたYに、Vの家には金目の物が多くあり、数日間旅行で留守にするはずだから盗みに入ったらどうかと唆した。それで侵入盗を決意したYが盗みに入ったところ、旅行をキャンセルして家にいたVに発見されたため、持参していた包丁で「金目の物を出せ」と脅した。

　Xは（住居侵入と）窃盗を教唆したつもりであったが、正犯であるYは、実際には窃盗よりも重い強盗を実現してしまっている。この場合、一般的には、背後の者には軽い罪の限度で共犯が成立するとされている。行為共同説の立場からは共犯者間の罪名の一致は求められないので、Xには窃盗の教唆、Yには強盗という別の罪が認められることになる。罪名従属性を要求する犯罪共同説の立場にあっても、38条2項により、重い罪についての共犯を認めることはできないので、構成要件が重なる範囲で、Xは窃盗の教唆犯とされることになる（全員に強盗が成立し、刑のみ軽い窃盗に従うとする見解もある）。

2　承継的共同正犯

結果と因果性を有しない承継的共同正犯は否定される。

　共同正犯は必ずしも同時に同じ行為をし、結果を発生させる場合だけとは限らない。時には、途中からその犯罪行為に関与することもあり得る。では、関与する以前の他者（先行者）の犯行を後行者が「引継いで」、その結果について共犯として刑事責任を問われることがあり得るのだろうか。これが**承継的共同正犯**の問題である。

　かつては、例えば完全犯罪共同説の立場からは、共犯者間の犯罪が一致することが要求されるので、犯罪の不可分一体性などに着目し、それに部分的に関与した場合であっても、先行者の行為とその結果を認識した上で関与した場合には、後行者も全体として責任を負う、などとして、承継が全面的に肯定されるとの理解もあった。

　しかしながら因果的共犯論を前提とするならば、行為者は自分の実現した行

為と因果関係のある結果についてのみ罪責を負うのであって、(既に終わってしまった) 過去の他者の行為に因果的に影響を及ぼすことができないはずであるから、承継を認めることは原則的にはできない。

事例13‐5　XはVを第1の場所で殴打した後、Vを車に乗せて別の場所に向かう途中、かねてよりVを探していたYに連絡して、これからVをその場所に連れて行く旨を伝えた。Xが到着後Vに更に暴行を加えていたところに、Yが到着した。Vは最初の暴行の段階から既に負傷しており、この時点では逃走や抵抗が困難な状況にあったが、Yはそれを認識しつつ、Xと共謀の上、Yの関与以前の暴行よりも更に激しい暴行をXと共に加えた。

　後行者Yは、先行者Xの作り出した、Vが抵抗困難であるという状況を利用して自らの行為を行っているとも評価できそうであるが、では、Yは関与前のXによる傷害結果についても責任を負わなければならないのだろうか。最高裁は、共謀加担前に他の共犯者が生じさせていた傷害結果については、たとえYがそうした状況を認識していたとしても「因果関係がない」ことを理由に、共同正犯を否定し、実際の関与後の暴行による傷害結果についてのみ共同正犯としての責任を負うとした (最決平24・11・6刑集66巻11号1281頁) ことからすると、判例上、傷害罪においては結果の「承継」は否定されている (但し、207条の同時傷害の特例適用の可能性は残る)。これは因果的共犯論の考え方とも合致する。

　しかしながら、例えば、暴行脅迫によって被害者の反抗を抑圧した上で、財物を強取する、といった構造を持つ強盗罪のように、複数の行為が予定されている犯罪の場合、判例は後からの関与者にも「承継」を認める傾向にあるとされる。とはいえ、強盗目的の殺人が行われた後、財物を持ち去る行為のみに関わった者は、過去の殺害に対しては影響力を行使できないのだから、強盗殺人の共同正犯とすることとして殺害結果を承継するというのは不合理である。そこで、より実質的に先行者の行為が関与後もなお効果を持ち続けている場合や、関与前に生じた状態を、先行者と共に自己の惹起した結果と同様に積極的に利用する場合には、承継を認めるものもある (大阪高判昭62・7・10高刑40巻3号720頁は、恐喝については積極的利用を認めて共同正犯を肯定しつつ、傷害については否定)。

事例13−6　XはVに電話で「現金を送付すれば、くじに必ず当たる特別抽選に参加できる」と嘘を言ったところ、Vは嘘であることを見破り、警察に相談してだまされたふり作戦が開始された。Vは、Xにより指定された場所に、実際には現金が入っていない荷物を発送した。荷物が発送された後、だまされたふり作戦が開始されたことは知らないまま、XはYに荷物の受領を依頼し、Yは中身が詐欺の被害金であることを認識しつつ依頼を引き受けて、荷物を受領した。

　事例13−6類似のケースで最高裁は、被告人が「本件詐欺を完遂する上で本件欺罔行為と一体のものとして予定されていた本件受領行為に関与している。そうすると，だまされたふり作戦の開始いかんにかかわらず，被告人は，その加功前の本件欺罔行為の点も含めた本件詐欺につき，詐欺未遂罪の共同正犯としての責任を負う」との判断を示している（最決平29・12・11刑集71巻10号535頁）。因果的共犯論の立場から、詐欺罪は、欺罔行為を手段として財物を受領することが構成要件上予定されている犯罪であり、詐欺罪の本質的な侵害結果は財物の占有を移転する点にあるため、欺罔行為の後に加功した者も、財物移転に因果関係を有しているから、共同正犯となり得る、との説明がなされる（なお、このケースはだまされたふり作戦の開始によって実際には財物移転は生じないことから、結果発生の危険性がないとして不能犯論→7章3節の余地が生じ得ることになる）。

　また、先行者による結果惹起に影響を与える限りにおいて、その犯罪の、共同正犯ではなく、従犯（幇助犯）としての罪責を負う、とする見解もある。幇助はあくまで正犯（先行者）を「手伝う」という者であるから、幇助として評価され得る限りにおいてはそのような結論を取ることも可能であろう。

3　共犯関係の解消

離脱前の行為と、離脱後に生じた結果との間の物理的・心理的因果性が遮断されれば、共犯関係の解消が認められる

　途中から行為に参加した承継的共同正犯の場合とは逆に、最初犯罪を遂行しようと共犯関係にあった者のうちの一部が途中から抜け、残った者が当初予定していた犯罪を遂行した場合、途中で抜けた者が、一定の要件を充たした場合

には、抜けた以降の他の共犯者が生じさせた結果の罪責を負わなくてよいとするのが、**共犯関係の解消**である（共犯からの離脱もほぼ同じ意味で用いられるが、「離脱」は実際その場から離れるという事実を指し、「解消」は、共犯としての刑事責任に関する評価を指すものとして区別されることが多い）。この問題は、かつては「共犯の中止」として議論されていたが（最判昭24・12・17刑集3巻12号2028頁）、中止犯規定の適用対象となるのは着手後の未遂犯成立を前提とした行為であることもあり、共犯の成否それ自体の問題として論じられるようになった。

> **事例13-7**　XはYと意を通じ、Y方でVに暴行を加えていたが、その後、「俺帰る」とだけ言って、現場はそのままに立ち去った。その後Yは「まだシメ足りないか」などと怒鳴りつつVに暴行を加えた。その後Vは死亡したが、その死がXとYが共同で加えた暴行に起因するのか、Xが帰宅後のY単独の暴行によるものかは分からなかった。

　最高裁は**事例13-7**と類似の事例に関し、「Xが帰つた時点では、Yにおいてなお制裁を加えるおそれが消滅していなかつたのに……格別これを防止する措置を講ずることなく、成り行きに任せて現場を去つたに過ぎない」として、共犯関係の解消を否定して傷害致死罪の成立を認めている（最決平元・6・26刑集43巻6号567頁）。

　現在では、**因果的共犯論**の立場から、**離脱後の結果との因果関係が遮断されるがゆえに解消が認められる**、と説明されるのが一般的である。最高裁が「なお制裁を加えるおそれが消滅していなかった」と示したのは、まさにXが立ち去る時点で、自らの因果性を残存させた点を指摘したものと理解される。

　かつては、実行の着手の前か後かによって解消が認められるために要求される行為が異なる、の考え方も有力であった。これによると、例えば、着手前であれば離脱意思の表明と、残りの者の了承で足りるが、着手後は更に、残りの者の実行を阻止するための積極的措置が必要であるとされた。

　しかしながら、例えば殺人を首謀し、犯行のための凶器を準備したような者が、殺人の着手前に途中で気が変わって「帰る」と意思表明し、他の者もそれを承知していただけで、解消が認められるとするのは妥当ではないだろう。

　むしろ犯行において離脱者が果たしていた役割、他の共犯者への影響力等を

考慮しつつ、離脱によって結果との**物理的因果性**と**心理的因果性**とが遮断されたか、ということを具体的に検討することが必要であるとされる。ただ、遮断との表現は用いられているものの、因果的影響力をゼロにすることは現実にはほぼ不可能であるから（過去は変えられない以上、「なかったこと」にはできない）自ら作出した犯行継続、結果発生の危険性を大幅に減少させる措置が講じられれば、実質的に因果性の遮断は認めてよいものとされる。例えば殺人のために拳銃を提供したのであれば、それを回収する等の行動が求められるだろうし、暴力団のトップのように、犯行に強い心理的影響を与えた存在であれば、残りの者に犯行を翻意させることが要求されることになるだろう。また、因果性を完全に遮断できなくとも、正犯性を基礎づけるような事情が否定されることにより、共同正犯から幇助となる、という形で、他の共犯者との比較で、犯罪に関与する形式の評価が格下げになる場合もあり得る。

> **事例13-8**　Aによる急迫不正の侵害に対する防衛行為として、XとYは共にAに暴行を加えた。Aによる侵害が終了した後、YはAに暴行を加え、傷害を負わせた。

　当初のX・Yの行為は正当防衛として評価されるが、更に暴行を加えたYについては過剰防衛（5章2節3）として傷害罪が成立することになる。問題は、後の暴行を実行していないXの罪責である。これを共犯関係の解消の問題として捉えると、後のAに対するYの暴行の際、Xは特に因果性を遮断するような行為に及んでいないため、解消を認めるのは困難となる。

　そこで、**事例13-8**と類似の事案につき、最高裁（最決平21・6・30刑集63巻5号475頁）は、「侵害終了後の暴行については、侵害現在時における防衛行為としての暴行の共同意思から離脱したかどうかではなく、新たに共謀が成立したかどうかを検討すべき」として、離脱の有無を問題とするのではなく、XとYによる最初の暴行はあくまで正当防衛として評価される以上、両者のその共同関係はその防衛行為の限度で認められるものであって、それを超えたXの暴行までもYに帰責するためには、それを内容とする共謀が必要となるとする。そして「共謀の成立が認められるときに初めて、侵害現在時及び侵害終了後の一連の行為を全体として考察し、防衛行為としての相当性を検討すべきである」と

し、Xにはその共謀が認められないとして、無罪としている。

サイドステップ：共犯論──絶望の章か、体系論の試金石か

　様々な議論が錯綜し、ある箇所の論拠が、また別の箇所の争点と密接に関わっている共犯論は、統一的な理解の難しさから「絶望の章」と称されてきた。本書においても、その場その場で適当な解決策を取っていると、別のところでの理論が破綻する──つまり、体系論的な思考が重要になってくるために難解である、との印象を多くの人が抱いたのではないだろうか。しかしながら、これは裏面から見れば、ある見解が正当であるかどうかは、共犯論における諸問題による検証に耐え得るかどうかということが1つのメルクマールとなる、とも言える。実際、ドイツでは、体系論に大きな影響を与える議論が共犯論をきっかけに生じたことが多々あり、共犯論は「体系論の試金石」とも言われてきた。ここまで本書を読んだ皆さんは、共犯論の豊かな内容と、その意味が理解できるのではないかと思う。

［佐川友佳子］

判例索引

事項索引

［あ 行］

アジャン・プロヴォカトゥール
……………………… 146, 205, 206
あてはめの錯誤 ………………… 55, 99
生駒トンネル事件 ………………… 60
意思連絡 ………………………… 143
一故意犯説 ……………………… 110
一部実行全部責任 ……………… 140
一般予防（論）…… 26, 165, 167, 169
違法推定機能 …………………… 181
違法性 …………………………… 20
　──の錯誤 …………… 55, 95, 103
違法性阻却事由 ……………… 19, 67
違法性の意識 …………………… 96
　──の可能性 ………………… 97
違法二元論 ……………………… 187
意味の認識 ………………… 47, 105
因果関係 ………………… 9, 15, 123
　──の錯誤 …………… 104, 111
　──の予見可能性 …………… 59
因果経過の基本的部分 ……… 59, 61
因果的共犯論 …………………… 201
応報刑論 ………………………… 165

［か 行］

解 釈 …………………………… 11
確定的故意 ……………………… 48
科刑上一罪 ………………… 159, 160
過 失 ………………… 15, 16, 57
　──の標準 …………………… 196
過失共同正犯 …………………… 192
過剰避難 ………………………… 81
過剰防衛 …………………… 75, 184
仮定的因果経過 ………………… 36
科 料 …………………………… 14
慣習刑法 ………………………… 25

間接教唆 ………………………… 146
間接正犯 ………………………… 137
間接正犯類似説 ………………… 94
監督過失 ………………………… 65
観念的競合 ………………… 159-161
管理過失 ………………………… 65
黄色信号点滅事件 ……………… 62
危惧感説 ………………………… 195
危険実現化説 …………………… 38
危険の引き受け ………………… 86
危険犯 …………………………… 32
既遂犯 …………………… 40, 126
期待可能性 ……………… 20, 100
　──の錯誤 …………………… 102
規範障害 ………………………… 138
規範的構成要件要素 …………… 47
規範的責任論 …………………… 174
客体の錯誤 ……………………… 104
客体の不能 ……………………… 131
客観主義 ………………………… 168
客観的帰属論 …………………… 41
客観的処罰条件 ………………… 176
客観的注意義務違反 …………… 190
急迫性 …………………………… 69
教育刑論 ………………………… 167
狭義の共犯 ……………………… 136
狭義の相当性 …………………… 35
行 刑 …………………………… 172
教 唆 …………………………… 17
教唆犯 …………………………… 145
共同正犯 ………………………… 140
共 犯 ………………… 4, 17, 136
　──と身分 …………………… 151
　──の過剰 …………………… 210
　──の錯誤 …………………… 153
共犯関係の解消 ………… 201, 213
共 謀 …………………………… 143

執筆者紹介 (50音順)

葛原　力三（くずはら　りきぞう）　　関西大学法学部教授
　　　　　　　　　　　　　　　　　　担当：はしがき、0〜3章、6章、10章

佐川　友佳子（さがわ　ゆかこ）　　　関西大学大学院法務研究科教授
　　　　　　　　　　　　　　　　　　担当：8章3節、13章

中空　壽雅（なかぞら　としまさ）　　明治大学法学部教授
　　　　　　　　　　　　　　　　　　担当：4章1〜5節

平山　幹子（ひらやま　もとこ）　　　関西学院大学法学部教授
　　　　　　　　　　　　　　　　　　担当：4章6節、9章、11章

松原　久利（まつばら　ひさとし）　　同志社大学大学院司法研究科教授
　　　　　　　　　　　　　　　　　　担当：5章、12章

山下　裕樹（やました　ひろき）　　　神戸学院大学法学部講師
　　　　　　　　　　　　　　　　　　担当：7章、8章1〜2節

Horitsu Bunka Sha

ステップアップ刑法総論

2022年10月20日　初版第1刷発行

著　者　葛原力三・佐川友佳子・中空壽雅
平山幹子・松原久利・山下裕樹

発行者　畑　　光

発行所　株式会社　法律文化社

〒603-8053
京都市北区上賀茂岩ヶ垣内町71
電話 075(791)7131　FAX 075(721)8400
https://www.hou-bun.com/

印刷：中村印刷㈱／製本：㈲坂井製本所
装幀：谷本天志

ISBN 978-4-589-04235-4

©2022 R. Kuzuhara, Y. Sagawa, T. Nakazora, M. Hirayama,
H. Matsubara, H. Yamashita Printed in Japan

乱丁など不良本がありましたら、ご連絡下さい。送料小社負担にて
お取り替えいたします。
本書についてのご意見・ご感想は、小社ウェブサイト、トップページの
「読者カード」にてお聞かせ下さい。

飯島 暢・葛原力三・佐伯和也著

定 義 刑 法 各 論
―財産犯ルールブック―

A 5 判・184頁・2640円

財産犯について、犯罪類型ごとの体系配列にそって、定義・解釈、判例、学説の要約を盛り込み、財産犯に関する必要最小限の知識の修得をめざす。条文・要件を一目で確認できる概要コーナーを各章冒頭に設置。

小島秀夫編

刑 法 総 論
―理論と実践―

A 5 判・264頁・2970円

最先端の刑法理論を踏まえつつ、基本判例や実例などを用いて解説する入門書。「因果関係」「故意」「過失」など、初学者がつまづきやすいところを詳しく説明。通説に偏らず反対仮説も解説することで多様な考え方を学ぶ。

松宮孝明編

ハイブリッド刑法総論〔第3版〕

A 5 判・338頁・3630円

性犯罪規定の改正など各論分野における法改正を反映させた最新版。正当防衛・過失の共同正犯、実行の着手などに関する重要判例も盛り込む。重要な概念や高度な議論もTopic・Further Lessonのコーナーで網羅。基本講義から発展的講義まで対応するオールマイティな1冊。

愛知正博編

アクティブ刑事訴訟法

A 5 判・290頁・2970円

初学者がつまずくことなく基本を理解できるよう、わかりやすさに徹底的にこだわった入門テキスト。判例・通説に基づき基礎的な事項から丁寧に解説のうえ、少しレベルの高い内容までも習得できるよう対応。さらにはアクティブ（能動的）にウェブ上の情報を活用のうえ学習を深める工夫も試みた。

葛野尋之・中川孝博・渕野貴生編

判例学習・刑事訴訟法〔第3版〕

B 5 判・406頁・3630円

丁寧な解説で定評の判例集の改訂版。「GPS捜査事件（最大判平29・3・15）」「リベンジポルノ事件（東京高判平27・2・6）」「おとり捜査事件（札幌地決平28・3・3）」など、第2版刊行（2015年）以降の注目判決を含む100判例を収録。

―法律文化社―

表示価格は消費税10%を含んだ価格です